Success15 fifteen

サクセス15
December 2015
12

http://success.waseda-ac.net/

CONTENTS

REGULAR LESSONS

information
―インフォメーション―

早稲田アカデミー各イベントのご紹介です。
お気軽にお問い合わせください。

小1～中3

冬期講習会 受付中！

12/26(土)～29(火)・1/4(月)～7(木)
※地域・学年により日程が異なる場合がございます。

はじめるなら早稲アカ!!

冬期講習会で実力アップ！ やる気アップ！

毎回の授業でテストを実施! 学力の伸びが確認できる!

●総復習で実力アップ
- 一年間の総復習ができる!
- 全８日間の集中特訓!
- 熱い先生が君を待っている!

●早稲アカなら効率よく勉強できる
- １クラス平均 15～16 名の少人数制授業!
- 学力別のクラスで無理なく学習できる!
- ライバルと一緒、友達と一緒、だからやる気がでる!

冬期講習会は飛躍のチャンス！

冬期講習会では、2学期の学習内容に重点をおきながら、1年間の総まとめ・総仕上げを行います。8日間の集中特訓の中で復習のための学習と総合力養成のためのテストゼミをバランスよく取り入れて行います。

受験学年にとっては最終調整を行う場です。今まで培ってきたものを冬期講習会でより高いレベルにするための充実した8日間をご提供します。

クラス分けテスト

希望者には個別カウンセリング実施

毎週 土曜日 14:00～

※学年により終了時間が異なります。

[小学生] ▶ 算数・国語 [中学生] ▶ 数学・国語・英語

小5・小6受験コースは理科も実施

●受付時間 ▶平日 / 12:00～20:30 ●テスト代 ▶ 2,000円

※ 小1・小2はクラス分けテストはありません。

無料体験授業受付中

早稲田アカデミーでは大切な冬の勉強の前に無料の体験授業を実施しています。早稲田アカデミーの授業の雰囲気を知る絶好の機会です。お気軽にご参加ください。

いつもと違う環境で
さらにレベルアップ!

正月特訓

中2・中3 対象

中2 実力アップ 正月特訓 実力と自信。この2つが身に付きます。
12月30日、1月2日・3日［全3日間］ 8:30～17:30 35,000円（塾生31,600円）

中3 入試直前 正月特訓 得点力アップは間違いなし!
12月30日～1月3日［全5日間］ 8:30～17:30 58,200円（塾生54,800円）

2015年 高校入試

15年連続 全国No.1 **早慶（二次）高 1466名合格!** 7校定員約1610名

8年連続 全国No.1 **開成高 82名合格** 定員100名

7年連続 全国No.1 **慶應女子高 87名合格** 定員約100名

2年連続 全国No.1 **筑駒高・筑附高 学大附高 お茶附高 157名合格!** 4校定員約515名

3年連続 No.1 **都立日比谷高 74名合格**

※No.1表記は2015年2月・3月当社調べ

03(5954)1731まで 受付時間 12：00～20：30（日・祝除く）

詳しいパンフレットお送りします

130th
立女子学園 創立130周年
886・ANNIVERSARY・2016

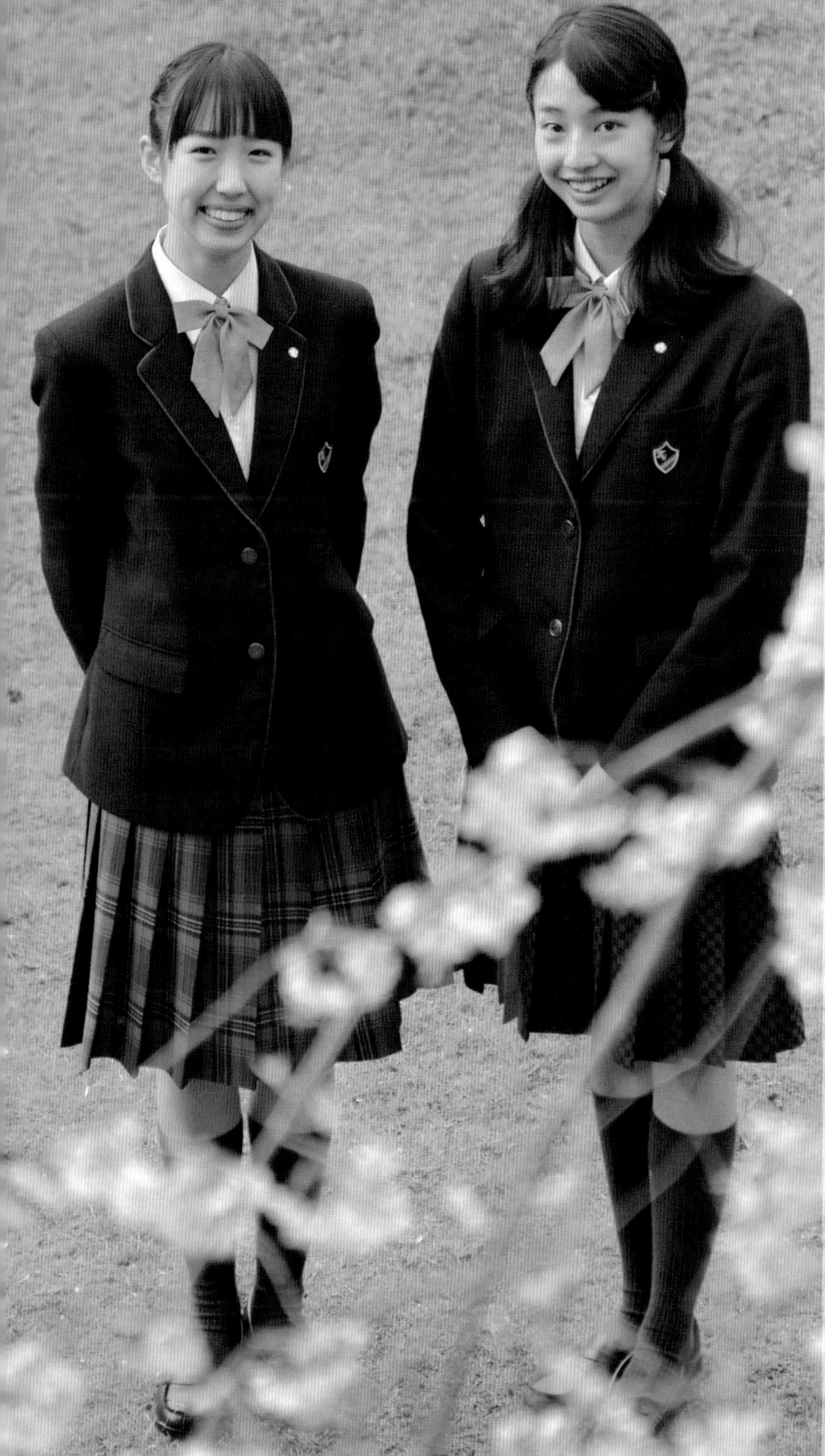

めざすのは、咲き誇る未来。

The Second Kyoritsu Girls' Senior High School

大学合格実績　年々上昇中!
2015年度卒業生192名 現役合格率95%

[名]
140
120
100
80
60
40
20
0
国公立・早慶上理小計
MARCH小計
有名私大・女子大小計
3
11
33
3
23
33
10
52
61
2013
2014
2015

■高等学校説明会

11月21日(土)14:00～(個別相談あり)
11月28日(土)14:00～(個別相談あり)

■保護者・受験生個別相談会【要予約】

12月 5日(土)9:00～12:00
12月 7日(月)～9日(水)14:00～17:00
1月 9日(土)14:00～17:00

※必ずお電話にてご予約をお願いします。

※ご来校の際はスクールバスをご利用ください。
また、自家用車でもご来校いただけます。
※詳細はホームページをご確認ください。

共立女子第二　検索

アクセス／JR中央線・横浜線・八高線「八王子駅」からスクールバス約20分　JR中央線・京王線「高尾駅」からスクールバス約10分

共立女子第二高等学校

〒193-8666　東京都八王子市元八王子町 1-710
TEL 042-661-9952
http://www.kyoritsu-wu.ac.jp/nichukou/
Email : k2kouhou@kyoritsu-wu.ac.jp

世界にはばたけ！SGH大特集

みなさんは、将来海外で働いたり、国際的な課題に取り組みたいと思ったことはありませんか。これからの社会はどんどんグローバル化が進んでいくことでしょう。そんな日本の未来を担うみなさんにご紹介したいのが、昨年度から始まった国際的に活躍できる人材を育成するための事業、SGHです。SGHとはいったいどのようなものなのか、どのような活動をするのか見てみましょう。

SGHってなに？

文部科学省は、２０１４年度（平成26年度）、新たにSGH（スーパーグローバルハイスクール）事業を始めました。これは、「急速にグローバル化が加速する現状を踏まえ、社会課題に対する関心と深い教養、コミュニケーション能力、問題解決力等の国際的素養を身に付け、将来、国際的に活躍できるグローバル・リーダーを高等学校段階から育成する」ことを目的として始められたものです。

こうした教育を行う高等学校、中高一貫教育校をSGHとして指定します。期間は5年間です。

２０１４年度は56校、２０１５年度（平成27年度）も新たに56校が指定され、現在全国に１１２校のSGH指定校があります。首都圏では、東京14校、神奈川5校、千葉3校、埼玉4校、茨城1校が指定されています。

また、指定校のほかに、SGH事業の構想をさらに広めるために、SGH事業を踏まえた教育の開発・実践に取り組む学校をアソシエイト校として認定しています。

では実際、SGHではどのような取り組みを行うのでしょうか。

SGH指定校は、各校が独自に設定した1つの構想に基づいて、グローバル・リーダーを育成していきます。活動内容は、グループワークやプレゼンテーションを取り入れた課題研究、海外を訪れ各国の学生や現地の人々と交流する海外研修など、魅力的なものとなっています。

その具体的な内容について、指定校のなかから筑波大学附属高等学校と渋谷教育学園幕張高等学校の先生方にお話を伺いました。また、佼成学園女子高等学校、順天高等学校、玉川学園高等部の取り組みもお伝えします。

どの学校も、それぞれに特色あるプログラムを用意し、生徒たちが積極的に活動している様子が伝わってきます。みなさんもきっと心ひかれることでしょう。

首都圏のSGH指定校一覧も掲載しているので、関心を持った方は志望校選びの参考にしてくださいね。

国立　東京　共学校

Pick up

筑波《つくば》大学《だいがく》附属《ふぞく》高等学校

所在地：東京都文京区大塚1-9-1　アクセス：地下鉄有楽町線「護国寺駅」徒歩８分、地下鉄丸ノ内線「茗荷谷駅」徒歩10分　TEL：03-3941-7176　URL：http://www.high-s.tsukuba.ac.jp/

SGHスタディとSGHプログラム 2本立ての教育が特徴

２０１４年度にＳＧＨに指定された筑波大学附属高等学校は、ＳＧＨ指定校を取りまとめる幹事校でもあります。

グローバル・シチズン（地球市民）の育成をめざし生徒全員が取り組む「ＳＧＨスタディ」と、グローバル・リーダー（さまざまな分野で世界をけん引するリーダー）の育成をめざした、希望者を対象とした多彩な「ＳＧＨプログラム」の２本立てとなっています。

「ＳＧＨスタディ」は、高１〜高３までの週１回、総合的な学習の時間を使って行われ、グループまたは個人での課題研究に取り組みます。また、年に数回、グローバルに活躍している方々による講演会なども実施されます。

「ＳＧＨプログラム」は、海外研修や国際会議への参加など、意欲のある生徒に応えられる充実したプログラムがそろっています。

お話を伺った熊田亘先生は「ＳＧＨ指定以前から本校で行われてきた調べて発表させることを重視した教育活動や、国際交流事業の経験を活かした内容です。筑波大の附属校として、大学と連携した教育ができる点も特徴です」と語られました。

SGHスタディ

高１・発想力を鍛えるグループワークの様子

高２・課題研究のグループ作り

生徒全員が取り組む課題研究

全生徒を対象とし、高１〜高３まで行われます。高３の９月に実施する研究発表を目標に、グループまたは個人で課題研究に取り組んでいきます。課題研究のテーマは、「オリンピック・パラリンピックにおける諸課題」「地球規模で考える生命・環境・災害」「グローバル化と政治・経済・外交」という３つが掲げられ、研究の際はこの３つにかかわるテーマを設定します。

まずは高１のＳＧＨスタディで、課題研究に必要となる基礎的な技能（情報の集め方、分析方法、パワーポイントの使い方など）を身につけます。

高２の４〜６月に所属分野、グループ、研究テーマの設定を行い、高２の７月から研究活動を開始し、高３の７月までに論文にまとめ、提出します。発表は高３の９月の文化祭で行われます。

研究では各グループに指導教員がつくほか、筑波大の教員や大学院生などのサポートも受けることができます。

SGHプログラム

UBCサマープログラム

修了証を手に他国の生徒と記念撮影

カナダの大学での研修体験

高２・高３の希望者を対象とした海外研修プログラムです。カナダのブリティッシュ・コロンビア大学（UBC）でのサマープログラムに参加します。期間中はUBCの学生寮に宿泊し、講義や外国の高校生とのグループ・プロジェクトなどを体験します。今年度の参加者は23名。日程は８月３日（月）から11日間でした。事前研修や帰国後の成果発表などもあり、貴重な経験となります。

日中高校生交流

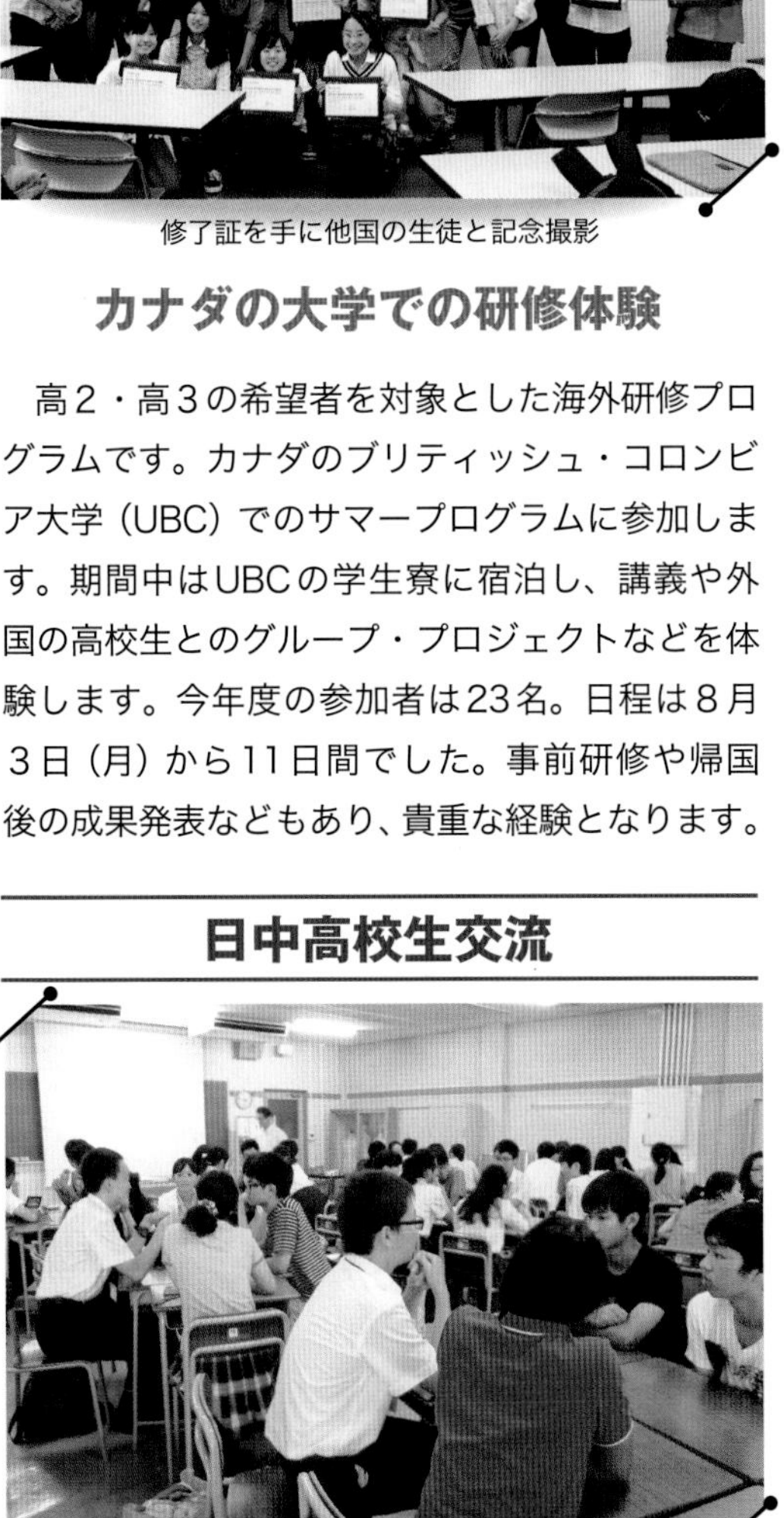

中国の生徒を学校に招いて交流します

「小大使」として国際交流を経験

日本と中国の高校生がお互いの国を訪問し、学校を訪ねたり、数日間のホームステイを通して相互交流をするプログラムです。ペアになった中国の生徒が来日した際は、自分の家にステイしてもらいます。また、参加する生徒は「小大使」としての外交活動もあり、大使館訪問なども行います。東京学芸大附属、市立千葉校との合同で行われ、今年度は３校計60名の生徒が参加しました。

アジア太平洋ヤングリーダーズサミット

さまざまな国の高校生が参加する会議です

高校生の国際会議に参加

毎年７月にある、シンガポールのホワチョン校が主催する高校生の国際会議「アジア太平洋ヤングリーダーズサミット」に、筑波大附属からは３名の生徒が参加しています。選考により選ばれた参加者は、事前に提示されたテーマについてしっかりと時間をかけて研究をして臨みます。世界の高校生と共同生活を通じて１つのテーマについて考えることは生徒を大きく成長させます。

その他の取り組み

筑波大附属のSGHプログラムには、そのほかにもさまざまな内容のものがあります。

国際学術シンポジウム（韓国）

韓国ハナ高校主催の国際学術シンポジウムに毎年３名の生徒が参加しています（今年度はMERSの影響により中止）。

短期留学交流（シンガポール）

アジア太平洋ヤングリーダーズサミットを主催しているシンガポールのホワチョン校へ、10日間の短期留学交流を行っています。

オリンピック教育

国際ピエール・ド・クーベルタン・ユースフォーラムという、隔年で実施される世界の高校生を対象とした国際交流に参加します。７日間の共同生活のなかで、体験を交えながらオリンピックの精神について学ぶことができます。

模擬国連プログラム

国連会議のシミュレーションを体験する模擬国連に参加し、国際問題について考えます。

私立　千葉　共学校

渋《しぶ》谷《や》教《きょう》育《いく》学《がく》園《えん》幕《まく》張《はり》高等学校

所在地：千葉県千葉市美浜区若葉1-3　アクセス：JR京葉線「海浜幕張駅」徒歩10分、京成線「幕張駅」徒歩14分、JR総武線「幕張駅」徒歩16分　TEL：043-271-1221　URL：http://www.shibumaku.jp/

身近な「食」をテーマに　多角的な視点と交渉力を養う

２０１４年度、千葉県の私立校としては唯一のＳＧＨ指定を受けた渋谷教育学園幕張高等学校（以下、渋幕）。開発構想名は「多角的アプローチによる交渉力育成プロジェクト」です。渋幕では、グローバルリーダーとして活躍するために必要とされるのは、状況を多角的に分析したうえでWin-Winの妥結点にいたる交渉力だと考えられています。そうした力を育むために、「食」をテーマにした多彩なプログラムを展開しています。「食は生活に密接にかかわる身近なテーマでありながら、自給率や貧困、遺伝子組み換え食品などさまざまな問題を抱えるテーマでもあるので、色々な切り口から調査研究ができると考えました」と小河文雄教頭先生。

もちろん交渉ツールとして必要不可欠な英語力の強化にも注力しています。英語表現の授業はネイティブと日本人のチームティーチングで実施。少人数制でグループワークを積極的に導入することで、自分の意見を発信する機会としています。将来的には外国の高校生たちと「食」の問題について協議する「国際会議」の開催をめざしているそうで、これからの活動にも期待が高まります。

課題研究

和食に関する研究発表（出汁）の様子

世界と日本を比較した多彩な研究

高１は家庭科の授業でユネスコ無形文化遺産に登録された「和食」について学習することに加えて、全員が「食」をテーマとした課題研究に取り組みます。ＳＧＨ指定元年であった昨年は、各クラスに和食にまつわるテーマを割り振り（出汁《だし》、米、漬け物など）、そのテーマについて各自が課題研究をする形式でした。研究内容はレポートにまとめ、クラスで発表会を行ったあと、代表者が学年発表会に臨みます。プレゼンについての指導は、情報科がサポートするなど、教科間で連携しながら活動していくのも魅力です。

昨年の学年発表会にはＳＧＨ提携大学である東京外大の留学生を招き、発表会後に各国の食事情について話してもらう機会も設けました。終了後の懇談会では、生徒が考案した和食メニューをふるまう一幕もありました。「留学生が多く在籍する東京外大と連携することで、多様な地域の学生と交流できています」と田村聡明副校長先生。

今年は課題研究をより発展させて、「日本と世界を意識した食に関するもの」というテーマのもと、１人ひとりが自由に研究テーマを設定する形式をとっています。テーマの一例をあげると、「日本と欧州の古代肉食」「生卵を食べられるのは日本だけ？」「スパイスから世界を見る」など、タイトルだけ見ても興味深いものばかり。伝統的に自調自考論文という卒業論文に取り組んできた渋幕は、こうした課題研究にも楽しみながら取り組む意欲あふれる生徒が集まっています。

SGH海外研修

北京研修では食材仕入などに関してレストラン「大董」総料理長と懇談

コースを生徒が決める海外研修

SGH海外研修の行き先は北京、ベトナム、シンガポールの３種類。従来から海外研修を積極的に行ってきた渋幕では、これまでもこの３国を海外研修の行き先として設定していましたが、SGH海外研修では「食」をテーマにした現地調査を行う点が従来とは異なります。対象学年は高１～高２で、各研修の定員は６～８名となっています。

「各国の文化と食の結びつきを調査するのが目的ですが、教員がコースをプランニングするのではなく、まず生徒が現地のことを下調べし、その土地でなにを調査したいか考えます。そして全員の意見を出しあい、限られた期間でうまく回れるように調整していきます」と国際部長の豊島幹雄先生。

昨年の研修ではフードロスや食品表示、輸出入の問題などを学ぶため、現地のスーパーやレストラン、食品工場などを訪問しました。加えて、地元の学生と交流する時間も設け、互いの国の「食」について話に花を咲かせます。参加者は帰国後レポートを提出、研修報告会でプレゼンを行うほか、文化祭や次年度の参加者募集説明会でも説明役を務め、どの生徒もいきいきと発表しているそうです。「今後は先輩の代の研修で新たな問題点として浮かびあがってきたものを、後輩の代で引き続き調査するといったこともありえるかもしれません」と小河教頭先生が語られるように、さらなる発展が見込まれるSGH海外研修です。

特別活動

ファシリテーター養成講座が始動

次々と発展していく活動の数々

昨年の色々な取り組みが評価され、今年の７月、渋幕で東京ガス主催のエコクッキングが行われました。11月には渋幕が主となり千葉県内のユネスコスクールの代表者が食に関するプレゼンを行う「高校生フォーラム」を開催。プレゼン後の分科会では場をまとめる役割（ファシリテーター）を渋幕の生徒が担うためにその養成講座を開講するなど新たな取り組みもスタート。また、東京外大等の留学生と異文化交流を行っています。

特別講演会

TPP交渉の舞台裏を知ることができた講演会

SGHは他教科にも派生

高１・高２全員が対象の食にまつわる特別講演会を年２回行うほか、高２の地理選択者には自給率や農業に関する講演会が開かれます。例えば「国家公務員の目から見たTPPと交渉力」の講演会で登壇したのは実際にTPP交渉に携わった渋幕のOBで、現場の話を色々と聞けて好評だったそうです。また、生物選択者には遺伝子に関する特別講演や遺伝子組み換え実験を実施。家庭科以外の教科にも派生しているのが渋幕のSGHの特徴です。

8～11ページでご紹介した筑波大附属、渋幕以外にも首都圏には25校の指定校があります。そのなかから佼成学園女子、順天、玉川学園の取り組みを見てみましょう。

Pick up

私立 東京 女子校

佼成《こうせい》学園《がくえん》女子《じょし》高等学校

所 在 地：東京都世田谷区給田2-1-1
アクセス：京王線「千歳烏山駅」徒歩６分
Ｔ Ｅ Ｌ：03-3300-2351
Ｕ Ｒ Ｌ：http://www.girls.kosei.ac.jp/

「英語の佼成」ならではのグローバル教育

イマージョン教育、英検まつりなどの多彩な英語教育で「英語の佼成」と「留学制度（１年間・短期）」が充実しているとして知られる佼成学園女子高等学校。2014年度からSGHの指定を受け、これまでよりもさらに充実したグローバル教育を展開しています。特進文理コースに設置された「スーパーグローバルクラス」では、異文化研究や国際知識を得るための授業を実践。特進留学コースでは日本文化論の授業も行っています。ほかにもタイやイギリスでのフィールドワーク、大学との高大連携授業など、SGH指定校ならではの教育プログラムのもとで学ぶことができます。

Pick up

私立 東京 共学校

順天《じゅんてん》高等学校

所 在 地：東京都北区王子本町1-17-13
アクセス：JR京浜東北線・地下鉄南北線「王子駅」、都電荒川線「王子駅前駅」徒歩３分
Ｔ Ｅ Ｌ：03-3908-2966
Ｕ Ｒ Ｌ：http://www.junten.ed.jp/

教育的支援プログラムを実践研究

「英知をもって国際社会で活躍できる人間を育成する」という教育理念を掲げる順天高等学校は、2014年度にSGH指定校となりました。これまでの英語教育・国際教育をさらに発展させる形で「アジア・太平洋地域における教育的支援プロジェクトの実践的研究」を進めています。

教育支援のための英語教材を海外連携校の生徒らと共同制作するなど、双方向型の授業やプロジェクト型学習の手法で新しい探求学習の方法や機会を作ったり、フィリピンで教育的支援活動に携わったりするなかで、グローバル社会で主体的に活躍する資質・人材を育成しています。

Pick up

私立 東京 共学校

玉川《たまがわ》学園《がくえん》高等部

所 在 地：東京都町田市玉川学園6-1-1
アクセス：小田急線「玉川学園前駅」徒歩15分
東急田園都市線「青葉台駅」バス
Ｔ Ｅ Ｌ：042-739-8931
Ｕ Ｒ Ｌ：http://www.tamagawa.jp/academy/lower_upper_d/

豊富な国際交流プログラムが魅力

海外の提携校が多数あり、海外研修・留学プログラムも充実。国内外のグローバルな大学へ毎年多くの進学者を輩出するなど、学校のグローバルスタンダード化に積極的に取り組んできた玉川学園高等部は、2014年度、SGHに指定されました。

研究課題は「国際機関へキャリア選択する全人的リーダーの育成」。教育理念である全人教育の資質を持ち、貧困・人権・環境・外交・国際協力分野などグローバルな社会課題の解決に取り組む国連機関や国際NGO（非政府組織）でリーダーとなる人材の育成を目的としています。各分野の専門家を招いたグローバルキャリア講座や模擬国連などを実施しています。

首都圏SGH指定校一覧

種別	学校名	所在地	指定年度	構想名
国立	○お茶の水女子大学附属	東京	2014	女性の力をもっと世界に～目指せ未来のグローバル・リーダー～
	◎筑波大学附属	東京	2014	小・中・高・大が連携した課題解決によるグローバル人材の育成
	◎筑波大学附属坂戸	埼玉	2014	先進的な総合学科を活かした持続可能なアセアン社会を創るグローバル人材の育成
	◎東京学芸大学附属国際中等教育学校※	東京	2015	多文化共生社会の実現を支える組織力・対話力・実行力の育成
	◎東京工業大学附属科学技術	東京	2015	科学技術系素養を持つグローバルテクニカルリーダーの育成
公立	◎横浜市立南	神奈川	2015	国際都市横浜発　次世代ビジネスリーダーの育成
	◎横浜市立横浜サイエンスフロンティア	神奈川	2014	内外の多様な教育資源を活用したグローバル・リーダー教育の研究開発
	●県立浦和	埼玉	2014	新しい価値を創造し、世界のどこかを支えるグローバルリーダーの育成
	◎県立土浦第一	茨城	2014	生物資源を活かすビジネスを起業する課題研究で育むグローカル人財
	◎県立成田国際	千葉	2015	成田発！2020年に向けてアジアとの共生を担うグローバル・リーダーの育成
	◎県立不動岡	埼玉	2015	明日の世界を創造する品格あるリーダーの育成
	◎県立松尾	千葉	2015	地域から考えるグローバルエイジング研究
	◎県立横浜国際	神奈川	2014	気づき、考え、行動するグローバル・リーダー育成の戦略的プログラム
私立	◎青山学院高等部	東京	2015	多様性の受容を基盤とした「サーバントマインド」を持つグローバル・リーダー育成
	◎公文国際学園高等部※	神奈川	2014	世界へ飛躍する為の総合学習と模擬国連を軸としたグローバルリーダー育成
	○佼成学園女子	東京	2014	グローバル人材に必要な知的基盤の醸成
	◎国際基督教大学高	東京	2014	帰国生と国内生の相互理解教育を発展させたグローバルリーダー育成プログラム
	○品川女子学院※	東京	2014	学校と社会が連携し、「起業マインド」を持つ女性リーダーを育成する研究
	◎渋谷教育学園渋谷※	東京	2014	探究型学習を、いかにして「行動できるリーダーの育成」につなげるか
	◎渋谷教育学園幕張	千葉	2014	多角的アプローチによる交渉力育成プロジェクト
	◎順天	東京	2014	グローバル社会で主体的に活躍する人材育成のための研究開発
	○昭和女子大学附属昭和※	東京	2014	実社会や大学との連携による正課授業に連動させるデュアル・グローバル・プログラムの研究開発
	◎玉川学園高等部	東京	2014	国際機関へキャリア選択できる全人的リーダーの育成
	○富士見丘	東京	2015	サステイナビリティから創造するグローバル社会
	○法政大学女子	神奈川	2015	持続可能な社会の実現を担うグローバル・リーダー育成プログラム（GLP）の開発
	●早稲田大学高等学院	東京	2014	多文化共生社会を創造するグローバルリーダー育成プログラム
	◎早稲田大学本庄高等学院	埼玉	2015	国際共生のためのパートナーシップ構成力育成プログラム

注：構想名は一部変更になっている可能性があります

首都圏ＳＧＨアソシエイト一覧

種別	学校名	所在地
国立	◎東京学芸大学附属	東京
公立	◎松戸市立松戸	千葉
	◎県立佐倉	千葉
	○県立浦和第一女子	埼玉
	◎県立水戸第一	茨城
	◎都立日比谷	東京
私立	○大妻中野※	東京
	○神奈川学園※	神奈川
	◎暁星国際	千葉
	◎啓明学園	東京
	◎湘南学園※	神奈川
	◎創価	東京
	○東洋英和女学院高等部※	東京
私立	◎東洋大学附属牛久	茨城
	○文京学院大学女子	東京
	◎茗渓学園	茨城
	○横浜女学院	神奈川
	●立教新座	埼玉

●男子校　○女子校　◎共学校　※高校募集はありません

active learning
知る・探る・究める
栄東のアクティブ・ラーニング!!!
Active Learning
◆海外ALinアメリカ
ボストンの
ミルトンハイスクールで
ディベート&ディスカッション!!
◆海外ALinオーストラリア
シドニーの
セントアイビスハイスクールで
書道!!
◆古都ALin京都・奈良
京都大学の留学生に
英語でガイド!!
◆海外ALinイギリス(イートン)
名門イートンカレッジ
サマースクール!!
◆アーチェリー
全国大会優勝!!国体も出場!!
ナショナルチームに2名選抜!!
◆校外ALin三宅島
千葉大学の教授と
三宅島の巡検から学ぶ火山学!!
文部科学省SPP指定校
◆箏曲
邦楽祭(県大会)で金賞!!
尺八、三味線、着物の着付けも!!
◆鉄道研究
全国鉄道コンテストで入賞!!
(校舎横にはJRの操車場)
◆サッカー
首都圏大会で見事優勝!!
(県予選)
顧問は
東京大学サッカー部出身!!!
◆チアダンス
USA Regional大会に出場!!
ALL JAPAN CHEER DANCE 大会に出場!!!
◆クイズ研究
高校生クイズ全国大会出場!!!
決勝でハワイ、ハリウッドへ!!
◆茶道
瑞想庵(茶室)で表千家を学ぶ!!
◆水泳
温水プールで全国大会第2位!!
日本選手権出場!!
(50mバタフライ)
◆コーラス
全国大会金賞!!文部科学大臣賞!!!
Tokyo DisneySEAで演奏
栄東中学・高等学校
〒337-0054 埼玉県さいたま市見沼区砂町2-77(JR東大宮駅西口 徒歩8分) ◆アドミッションセンター TEL:048-666-9200

苦手でも大丈夫!!

国・数・英の楽しみ方

国語・数学・英語…。これらの教科が苦手だっていう人も多いはず。苦手科目の勉強ってなかなか手につかないし、ついあと回しにしちゃうよね。そこで今回は国語・数学・英語に対する苦手意識を少しでもなくしてもらおうと、苦手な教科に親しめる本や映画、体験施設を紹介するよ。これらを試してみれば、苦手だと思っていた教科も身近に感じられるかも。

国語が苦手な人へ

イチオシはコレ

とってもやさしい 国語 中学1～3年

清見克明監修・旺文社編／旺文社／880円＋税

マンガとあらすじでやさしく読める 日本の古典 傑作30選

土屋博映監修／東京書店／1300円＋税

基本的な質問に答えてくれる本をキッカケに

国語が苦手な人へのイチオシ1冊目は『とってもやさしい国語 中学1～3年』。苦手な人にもわかりやすい1単元2ページずつのコンパクトな内容になっている。もう1冊は『マンガとあらすじでやさしく読める 日本の古典 傑作30選』だ。日本の古典文学30作品の魅力や、現代にも通じるようなおもしろさが、マンガでまとめられている。現代語で、しかもマンガになっている本書なら、手に取りやすいのではないだろうか。

その他のオススメ

本 **『Jブンガク 英語で出会い、日本語を味わう名作50』**／ロバート・キャンベル編／東京大学出版会／ 1800円＋税／清少納言から現在の作家まで、日本文学の名作50選の「心臓部」を原文と英訳で紹介している。

映画 **『舟を編む』**／ Blu-ray通常版：4700円＋税、DVD通常版：3800円＋税／三浦しをんの同名小説を映画化。新しい辞書を作るために奮闘する人々を描く。

体験 **文豪ゆかりの地や文学館**などを訪ねてみると、興味を持つきっかけになるかも。

Japanese

英語と日本語を自由に操り楽しもう！

DVDやBlu-rayで映画を見るとき、音声を英語に切り替えられるって知ってるかな？英語が苦手な人は、ぜひそうやって見てみてほしい。なかでも「ライオンキング」は出てくる単語が簡単で比較的聞き取りやすくておすすめ。内容も主人公・シンバが成長して悪と戦う…というわかりやすいストーリーだから、聞き取れない部分があっても大筋の話はわかるはず。音声だけでなく字幕も日本語から英語に切り替えられるから、音声は日本語、字幕は英語、という使い方もできるし、音声も字幕も英語にして、どんな英語が話されているか字幕で確認するのもいいね。

その他のオススメ

本 **『ドラえもん はじめての英語辞典』**／宮下いづみ・中村麻里編著／小学館／ 2100円＋税／ドラえもんとゆかいな仲間たちが楽しく英語を教えてくれる。

『世にもおもしろい英語』小泉牧夫著／ IBCパブリッシング／ 1400円＋税／英語のおもしろい言い回しや表現がエッセイ調で書かれている。

映画 姉妹と不思議な生きものトトロの出会いを描いた**『となりのトトロ』**（Blu-ray：6800円＋税、DVD：4,700円＋税）も主人公が子どもなので会話の内容がわかりやすい。

体験 **「外国人観光客向けの英語ガイドツアー」**（主催：はとバス）はおなじみの観光スポットに関するガイドが英語で進められるツアー。観光気分を味わいながら英語に親しめる。

English

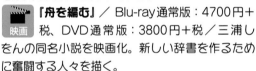

数学が苦手な人へ

Mathematics

直感で楽しんでみよう 数学に興味が湧くかも

数学嫌いな人にぜひ一度足を運んでもらいたいのが「リスーピア」だ。理数の魅力とふれあうための体験型ミュージアムで、２階のクエストフロアには実際に体験しながら数学や理科の不思議を感じられる「クエストギャラリー」があり、３階のディスカバリーフロアには、ゲーム感覚で直感的に楽しめる展示がたくさん用意されている。数学が苦手でも大丈夫。数学や理科が生活にしっかりと結びついていることもわかるぞ。

イチオシはコレ

リスーピア

所在地：東京都江東区有明3-5-1 パナソニックセンター東京内／ TEL：03-3599-2600 ／ URL：http://www.panasonic.com/jp/corporate/center/tokyo/risupia.html

その他のオススメ

本 **『数学ガール』**（ソフトバンククリエイティブ）、**『浜村渚の計算ノート』**（講談社）、**『お任せ！ 数学屋さん』**（ポプラ社）など、中高生が主役で数学がテーマになっている小説はいくつもあり、どれも個性的でおもしろい。

映画 **『博士の愛した数式』**／ Blu-ray：3800円＋税、DVD：4700円＋税／ 80分しか記憶がもたない天才数学博士と、その家政婦と息子との生活。純粋に数学を愛する博士が数式の美しさを教えてくれる。

英語が苦手な人へ

イチオシはコレ

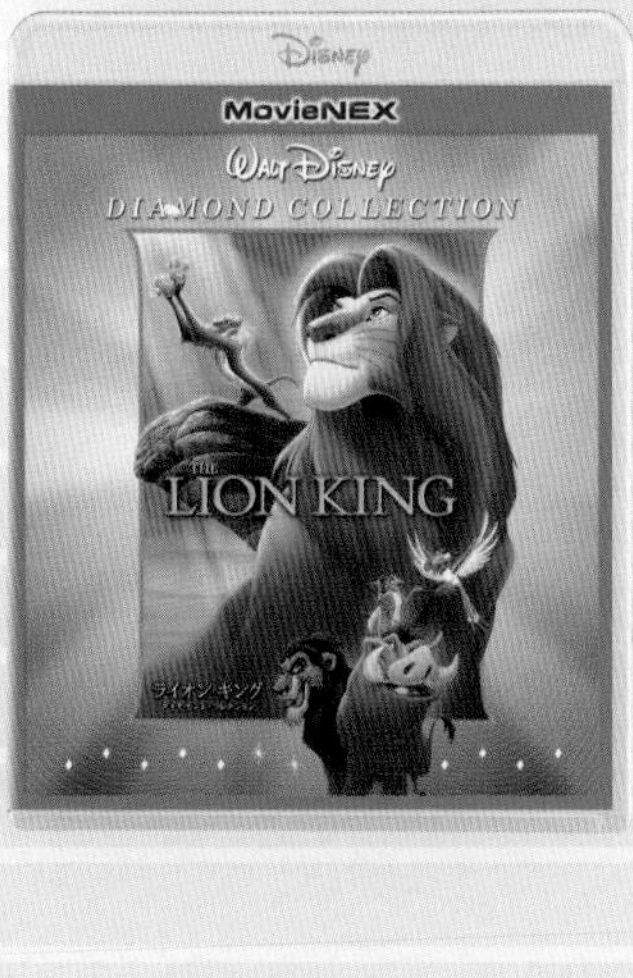

**ライオン・キング
ダイヤモンド・コレクション
MovieNEX**

2015年12月2日（水）発売

©2015 Disney
発売/ウォルト・ディズニー・スタジオ・ジャパン
4,000円＋税

N. 日本大学高等学校

NIHON UNIVERSITY SENIOR HIGH SCHOOL

学校説明会（予約不要）

第２回　11月14日（土）

13:30～:チアリーディング部によるアトラクション
14:00～:高等学校説明会
内容:入試関連事項説明、大学入試状況説明
受験科目のワンポイントアドバイス等
※入試相談コーナー、学校見学あり

第３回　11月28日（土）

13:00～:軽音楽部によるアトラクション
13:30～:高等学校説明会
内容:第２回説明会と同じ内容です。

平成28年度入試の主な変更点

平成28年度入試より、
『インターネット出願』を始めます!
※詳細は12月1日（火）より本校HPでご確認いただけます。

平成28年度　入試要項（抜粋）

	推薦入試	一般入試			
		一般A日程（併願・オープン）		一般B日程（併願・オープン）	
募集人員	70名	130名			
試験日	1/22（金）	2/10（水）		2/14（日）	
試験方法	作文・面接（本人のみ）	国・数各100点/各50分　英100点/60分			
インターネット出願期間	1/16（土）～1/18（月）	一般併願　：1/26（火）～2/4（木） 一般オープン：1/26（火）～2/7（日）			
合格発表	1/23（土）校内掲示	併願	2/11発送	併願	2/15発送
		オープン	2/10 HP 2/11 掲示	オープン	2/14 HP 2/15 掲示

〒223-8566　横浜市港北区箕輪町2-9-1　TEL.045-560-2600　FAX.045-560-2610
http://www.nihon-u.ac.jp/orgni/yokohama/

東大への架け橋

VOL.9

text by ゆっぴー

問題文に隠されたメッセージとは？

みなさんは「あなたの言葉で説明しなさい」という問題文に出会ったことはありますか？

この手の問題はたまに国語の記述問題で出てきますよね。私は中学生のころ、こういう記述問題があまり得意ではありませんでした。苦しまぎれに本文中の筆者の言葉をそっくりそのまま使ったり、一部の言葉を同じ意味の別の表現に言い換えたりしましたが、まったく点数になりませんでした。そしていつしか、その問題文自体に疑問を抱くようになりました。「そもそもすでに筆者は文中で言いたいことを十分丁寧に説明しているはず。それなのに、問題を解く側の私たちが筆者の言い分を改めて説明し直さなければならないのは、いったいなぜなのだろうか？」と。

ここで突然ですが、産まれたばかりの赤ちゃんを想像してみてください。赤ちゃんの頭のなかは真っさらな状態です。その状態からはなにも生まれませんから、赤ちゃんは外部から知識や考え方をどんどんインプットしていきます。しかし、インプットしたからといって、知識や考え方が完全に赤ちゃん自身のもの（＝「自分のもの」）になったとは言いきれないはずです。元を正せば頭のなかは真っさらな状態で、いまある知識や考え方もすべて自分の外部にあったものだから、それらが完全に「自分のもの」になるというのは少々考えがたいことです。つまり、知識や考え方というのはいつまでたっても「他人のもの」であるという側面が消えないのです。

話を元に戻して、改めて「あなたの言葉で説明しなさい」という国語の問題文と向きあってみましょう。私は「あなたの言葉で説明する」ということは、筆者の言葉を別の言葉に置き換えるだけではなく、その知識・考え方を編み出した人の言葉を自分なりに解釈することが重要だと考えます。他人の知識や考え方をよくかみ砕いて、自分の骨肉とする。自分の骨肉となった知識や考え方は、他人のものであった面影は残していようとも、もはや自分のものですから、自由自在に操ることができるし、それをさらに発展させることができます。「あなたの言葉で説明しなさい」という問題文は、みなさんの思考レベルがそこまで達しているかどうかを試しているのだと思います。

次は「私の考え」を「あなたの言葉」にしたあなたが、「あなたの考え」を生み出す番ですよ。

ゆっぴーの大学生活

今回はちょっと特殊な東大の恋愛事情について紹介します。

まず、東大男子は、東大女子ではなく他大学の女子とつきあうパターンが意外と多いです。そういう人は、おもにバイト先や「インカレサークル」という他大学と合同で活動する団体で出会うそうです。大学生になると活動の幅が広がるに伴って自然と出会う人の数も増えるので、「いま周りにいい人がいない！」と思う中学生のみなさんもまったく焦る必要はありませんよ。

次に、東大女子の恋愛事情です。東大の男女比率（男：女＝4：1）のせいもありますが、東大女子は東大男子とつきあう割合がとても高いです。とくに1・2年でクラスやサークルがいっしょだった人とつきあい始め、長続きするパターンが多いように思います。将来的にも、なんと東大女子の7割が東大男子と結婚するというデータがあるそうで、同じ大学出身で価値観が合いやすいことが長続きの秘訣なようです。え？　ゆっぴーはどうかって？　それはご想像にお任せします（笑）。

大学1年次のクラス旅行

現役東大生・ゆっぴーに答えてほしい質問を大募集！
あなたの質問にゆっぴーが答えてくれるかも？

QRコードからも!!

あて先　〒101-0047 東京都千代田区内神田2-4-2 グローバル教育出版 サクセス編集室
FAX：03-5939-6014　e-mail：success15@g-ap.com　まで質問をぜひお寄せください！

帝京《ていきょう》高等学校

インターナショナルコース「私たちのコミュニケーションツールは英語！」

英語漬けのイングリッシュサマーキャンプ

7月29日、帝京高校インターナショナルコースに新設された英語特化課程の生徒8名が、東京駅に集いました。目的地は福島県、羽鳥湖高原の森に位置するブリティッシュヒルズ。7万3000坪の広大な敷地に中世英国の「街」を再現した宿泊施設です。いよいよ3泊4日のイングリッシュサマーキャンプが始まります。

このキャンプの目的は生徒を英語漬けの環境の中に置くこと。滞在中のレッスンはすべて英語で行われます。スピーチスキルやプレゼンテーションスキル向上のためのレッスン、チェスやビリヤードのルールや歴史を知った上で、実際にプレイしてみるというレッスン、講師はすべてネイティヴの先生で、もちろん英語オンリーで行われます。このキャンプには、「滞在中、日本語は一切使ってはいけない」というルールがあり、ホテルの人と話す際も、友だち同士の会話もすべて英語で行わなければなりません。

けれども、今回が初めてとなるこのイングリッシュサマーキャンプ、レッスン以外もすべて英語ということに戸惑っているのでしょうか、初日には日本語を使ってしまう生徒が見かけられました。そこで早速、夕食後のコースミーティングで、引率の伊藤充先生の指導が入ります。今回のキャンプの目的は英語文化圏に身を置くことの疑似体験であり、そこで日本語を使ってしまってはただの観光旅行に堕《だ》してしまうということが厳しい口調で語られます。もちろん、こういった指導もすべて英語で行われます。

インターナショナルコースに入学してくるのは、それなりの英語力を身につけ、英語でのコミュニケーションを指向している生徒たちばかりです。それがあって、初めてこのような指導が可能になります。そして、このキャンプをスタート地点として英語漬けの中で生徒を育てるというインターナショナルコースの教育が本格的にスタートすることになるのです。

グローバル人材としての基礎を築く

帝京高校のインターナショナルコースは「英語でのコミュニケーション能力と広い視野を身につけ、信頼されるグローバル人材としての基礎を築く」ことを目標に掲げています。もともとは全員に1年間の留学を義務付けていたのですが、今年から留学をせずに国内で英語力向上に励む英語特化課程を新設しました。今年の1年生については4割程度の生徒がこの英語特化課程に入学しています。

規模は各学年1クラス、クラスの人数はどの学年も20名以下になります。ですから、コースが学年の垣根を越えて一つ

〒173-8555
東京都板橋区稲荷台27-1
Tel.03-3963-4711

〈説明会日程〉
11月22日（日）11:00～
11月28日（土）13:30～
12月 5日（土）13:30～

の家族のような雰囲気を醸し出しています。例えば文化祭での英語劇、身につけた英語力を実際に活用する機会として毎年行っているものですが、これは台本から演出までのすべてにおいて上級生が下級生を指導するということが伝統になっています。

このコースでは高度な英語力、具体的には実用英語検定準1級、TOEICであれば800点以上、TOEFL・iBTは80点以上という英語力を身につけることを目指します。海外留学をする生徒については、1年間日本語が一切通用しない環境に身を置くことになるので、留学経験が英語力を鍛えるということになりますが、英語特化課程はそれを国内で行っていくということで、ネイティヴの教員が強力にバックアップする体制を作っています。

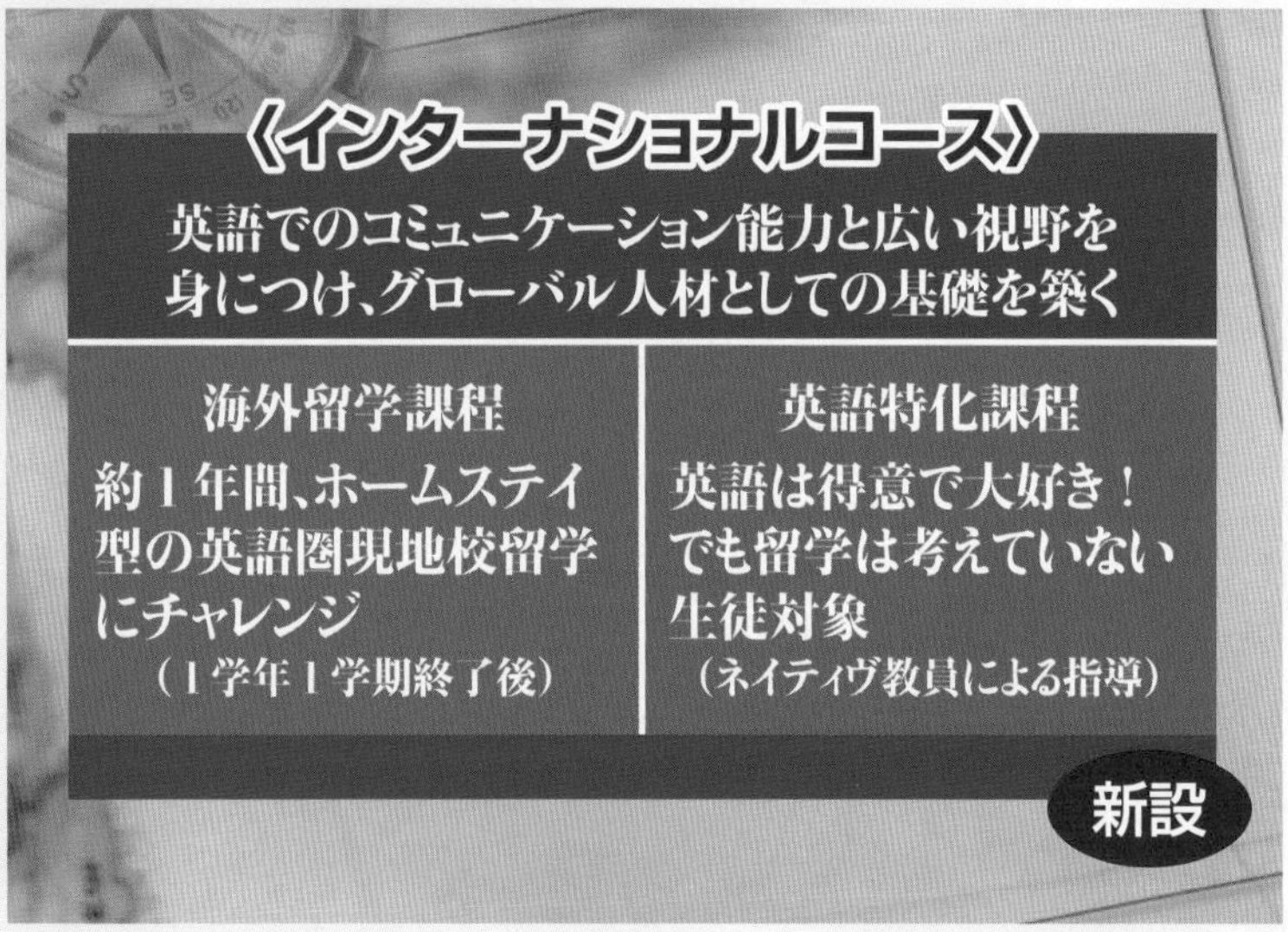
《インターナショナルコース》
英語でのコミュニケーション能力と広い視野を身につけ、グローバル人材としての基礎を築く
海外留学課程
約1年間、ホームステイ型の英語圏現地校留学にチャレンジ
（1学年1学期終了後）
英語特化課程
英語は得意で大好き！でも留学は考えていない生徒対象
（ネイティヴ教員による指導）
新設

ネイティヴ教員とタイアップした指導

帝京高校には4名のネイティヴ講師がいます。彼らは、日本での教育経験も長く、経験豊富なスタッフです。彼らが常駐している部屋はイングリッシュラウンジと呼ばれていますが、このラウンジはインターナショナルコースの教室のすぐ隣にあります。ですから、生徒たちは昼休みにこのラウンジにランチを食べに行ったり、休み時間や放課後の時間に英会話の練習をしたり、英語の質問をしたりということを気軽にしています。そして、授業にもこのネイティヴ講師が加わることが非常に多いのです。留学をしない英語特化課程であれば、通常授業の他に週2回の早朝英会話があります。コースが独自に設けている授業、例えば「外国事情」や「西洋文化史」などにもネイティヴ講師が参加します。ロングホームルームや芸術の授業なども加わるので、1年生だと1週間に9時間ネイティヴ講師を交えた授業が行われることになります。それに加えて日本人教員による英語の授業があります。インターナショナルコースでは英語の授業はすべて英語で行うので、1日に2時間か3時間は英語で行われる授業があるという環境になります。英語と接する機会を最大限に確保して、生徒を英語漬けにする、そうすることで、やがて教室では英語でのコミュニケーションが当たり前という雰囲気が生まれてくることになります。

さて、インターナショナルコースの生徒たちは3年間を通して英語力を鍛えていくので、進学においても英語力を生かした入試制度にチャレンジしてきます。

入試広報部長の上瀧栄治先生は次のように語ります。

「インターナショナルコースでは生徒たちの約半数が国公立大学、もしくは早慶上智といった大学に進学しています。これは彼らの努力のたまものでしょう。とりわけ、上智大学への進学については、指導のメソッドが確立していると言ってもいい。昨年はこの実績が認められて、3名の指定校枠が認められています。英語漬けの3年間は、やがて進学にも生きてくるものです。興味を持っていただけるようでしたら、ぜひ説明会にいらしてください。」

生徒を成長させるプログラムの数々 SGH指定により教育がさらに充実

Saitama Prefectural Urawa High School

埼玉県立浦和高等学校

埼玉県　公立　男子校

「守《しゅ》(1年)・破《は》(2年)・離《り》(3年)」の教育理念をもとに、長年蓄積された重厚な指導が特徴の埼玉県立浦和高等学校。生徒がさまざまなことに全力で挑戦できる環境が整えられています。ＳＧＨ校として特色あるプログラムも打ち出され、県下随一の進学校がさらなる発展・進化を遂げています。

杉山《すぎやま》 剛士《たけし》 校長先生

3つの理念に込めた生徒への熱い思い

埼玉県立浦和高等学校（以下、浦高）は、1895年（明治28年）に旧制浦和中学校として誕生しました。その後、数度の変遷ののち、1948年（昭和23年）に現在の埼玉県立浦和高等学校となり、今年、創立120周年を迎えています。

校訓は「文武両道」を意味する「尚《しょう》文《ぶん》昌《しょう》武《ぶ》（文を尚《たっと》び、武を昌《さか》んにす）」です。この精神が長年引き継がれ、「世界のどこかを支える人材を育てる」「少なくとも三兎を追え」「無理難題に挑戦」という3つの理念が掲げられています。「3つの理念にはグローバルな人材というだけではなく、『お前の代わりはいないんだ』と言われる人材になってほしい、勉強・行事・部活動の三兎すべてに全力で取り組み充実した学校生活を送ってほしい、あえて厳しいことに挑戦することで、生徒を成長させたいという思いが込められています。こうした理念以外にも、私はよく生徒に、タフで優しい人間になりなさいと言っています。これからは激しい競争の時代になっていくと思いますが、どんな困難にあっても、へこたれずに乗り越えられるタフさを身につけてほしい。しかしその一方で、他者に対する優しさ、弱者に対する共感力も持ちあわせるようにと伝えています。そして もう1つ、社会つまり公共のために自分がなにができるのかを考えて行動する公共心を養いなさいと言っています。」（杉山剛士校長先生）

「守・破・離」の3年間 将来につながる教養を

浦高の3年間は、「守・破・離」で表現されます。1年次の「守」では、学習方法や部活動との両立などを学び、浦高生としての「型」を身につけます。2年次の「破」は、勉強・行事・部活動などに全力で挑戦し、自分の可能性を追求します。3年次の「離」は、独り立ちし将来に向けて自分自身の道を歩み始めるとともに大人としての自覚を持つということです。「守・破・離」の考え方は学習にも活かされ、1年次はテストを頻繁に行うことで基礎を徹底的に身につけ、学年があがるにつれ自学自習の姿勢を養っていきます。

カリキュラムは単位制を採用しています。1年次は国・数・英の授業が充実しており、2・3年次は、文型・理型に分かれ選択科目と少人数授業が取り入れられます。選択科目は社会・理科を組みあわせる「類型選択科目」と、受験に対応したものや大学での学びに接続する高度な内容の「総合選択科目」があります。

杉山校長先生は「受験のみを目的とした科目選択ではなく、幅広く学べるような独自の単位制になっているのが特徴です。総合的な人間形成を大切に、教養をしっかり身につけられるようにカリキュラムを組んでいます。生徒には高校時代に色々な科目を勉強して、将来のために、たくさんの引き出しを作ってほしいと思っています」と話されました。

「授業が勝負」とされる浦高では、教員が独自に工夫したレベルの高い授業が展開されています。そのため授業の予習・復習は欠かせません。7時から開放される教室や20時半まで開館している図書館で、朝早くから夜遅くまで学習に励む生徒の姿が日常的に見られます。

夏期休暇中には夏期講習が実施されます。部活動に励む生徒も受講しやすいように、7時～20時まで1日中講座が用意され、埼玉県立浦和第一女子高等学校、埼玉県立大宮高等学校と合同で行う講座もあります。

SGHの指定を受け 従来の取り組みが進化

浦高は2014年（平成26年）に

浦高祭（文化祭）

生徒のこだわりがつまった手作りの門は完成度が高いことで有名です。後夜祭では、全員で松明《たいまつ》を持って卒業生作曲の歌を歌います。

体育祭

男子校ならではのパワフルな戦いが見所の体育祭。バトンに大きな布をつけて走る忍者リレーなど、浦高独自の競技もあります。

SGH（スーパーグローバルハイスクール）に指定されました。「新しい価値を創造し、世界のどこかを支えるグローバルリーダーの育成」をテーマとして、これまで行ってきた国際教育をさらに進化させています。その一部をご紹介しましょう。

全生徒が取り組むものとして、課題研究があります。テーマは全地球的規模とされ、ゼミ形式で実施されます。生徒は1・2年次の2年間で4本の論文を作成します。

「課題研究では、授業の枠内ではとらえきれない専門的なものや教科横断的なものを扱います。本校の教員に加え、昨年度からは外部の先生方からも指導を受けられるようにしました。」（杉山校長先生）

また、東京大とともに行う「アメリカ・ボーイング社と連携した課題研究」も特徴的です。こちらは希望者が対象です。東京大の教授の指導を受けながら都市工学や環境工学などの研究に参加します。

国際交流ではイギリス・ウィットギフト校との交流が盛んです。

短期プログラムとしては「一般派遣」「部活派遣」が毎年交互に行われています。一般派遣は生徒に募集をかけ希望者が行き、部活派遣はある部の部員全員が行く形です。今年度は一般派遣の年でイギリスだけでなくスイスのWHO（世界保健機関）を訪問し、課題研究を行う予定です。

長期プログラムでは毎年2名が派遣されており、高3の夏から1年間留学し、単位認定を受けて翌年7月に浦高を卒業します。その後は日本で受験に向けて勉強する選択肢もありますが、これまでは全員がイギリスに戻っています。2年間ウィットギフト校で学ぶことにより、国際的な大学入学資格である国際バカロレアを取得することができるのです。

「SGHに指定されたので、昨年改めてウィットギフト校にごあいさつに伺いました。その際、校長先生に『浦高の生徒は、最初は英語で苦労しているけれども数学はよくできるし、クラスメイトともよく交流する。次第に成績も伸びてケンブリッジ大などにも合格する。精神がとてもいい、ナイスガイだ』と言っていただき非常に嬉しかったです。改めて、人間性やチャレンジ精神などの本質を育てることが大切なのだと実感しました。」（杉山校長先生）

国際交流としては、ほかにも、アメリカ・ミシガン大のサマーセミナーへの派遣などが行われています。

浦高では、同窓会もこうした留学プログラムに挑戦する生徒を支援し

行事

臨海学校

修学旅行

バレーボール大会

ラグビー大会

強歩大会

1年を通してさまざまな行事が用意されています。そのなかでも、浦高～茨城県古河市までの50㎞の道のりを7時間以内に歩く強歩大会は、浦高の代表的な行事です。

将棋大会

百人一首大会

ています。創立120周年記念事業として同窓会が奨学財団を設立し、留学を希望する生徒に奨学金を付与しています。

「第一志望はゆずらない」きめ細かい進路指導

毎年、最難関国公立大などに合格者を輩出する浦高。進路指導は全生徒のデータを検討し話しあう進路検討会や、進路だより「第一志望はゆずらない」の発行、頻繁に行われる面談、保護者説明会の実施、卒業生による講演会など、きめ細かいものになっています。また昨年度からは、医学部医学科進学希望者を対象に、浦高卒業生の順天堂医院副院長・天野篤先生による早期医療体験プログラムも実施されています。手術前日、手術日、手術翌日の3日間、天野先生と行動をともにし、医者とはなにかを肌で体験する貴重な機会です。

このように、生徒がさまざまなことに全力で挑戦できる環境を整え、その挑戦を卒業生も含め学校全体で支援する埼玉県立浦和高等学校。

最後に杉山校長先生は「我々教員は、生徒の10年後、20年後を見据えた人作りをしていかなければならないと思っています。人生には失敗もあります。でも失敗は終わりではなく、そこからどう生きていくかということが大切です。生徒同士、そして生徒と教員が深い信頼関係を築き、集団力を大切にすることで多くのことを解決できるはずです。本校では少年が大人へと成長できる仕掛けをたくさん用意しています。好奇心と向上心を持った生徒さんをお待ちしています」と語られました。

SGH

ウィットギフト校との交流

課題研究

SGHでは、全員が課題研究に取り組み、論文にまとめます。国際交流としては、イギリス・ウィットギフト校へ毎年生徒を派遣しています。

進路指導

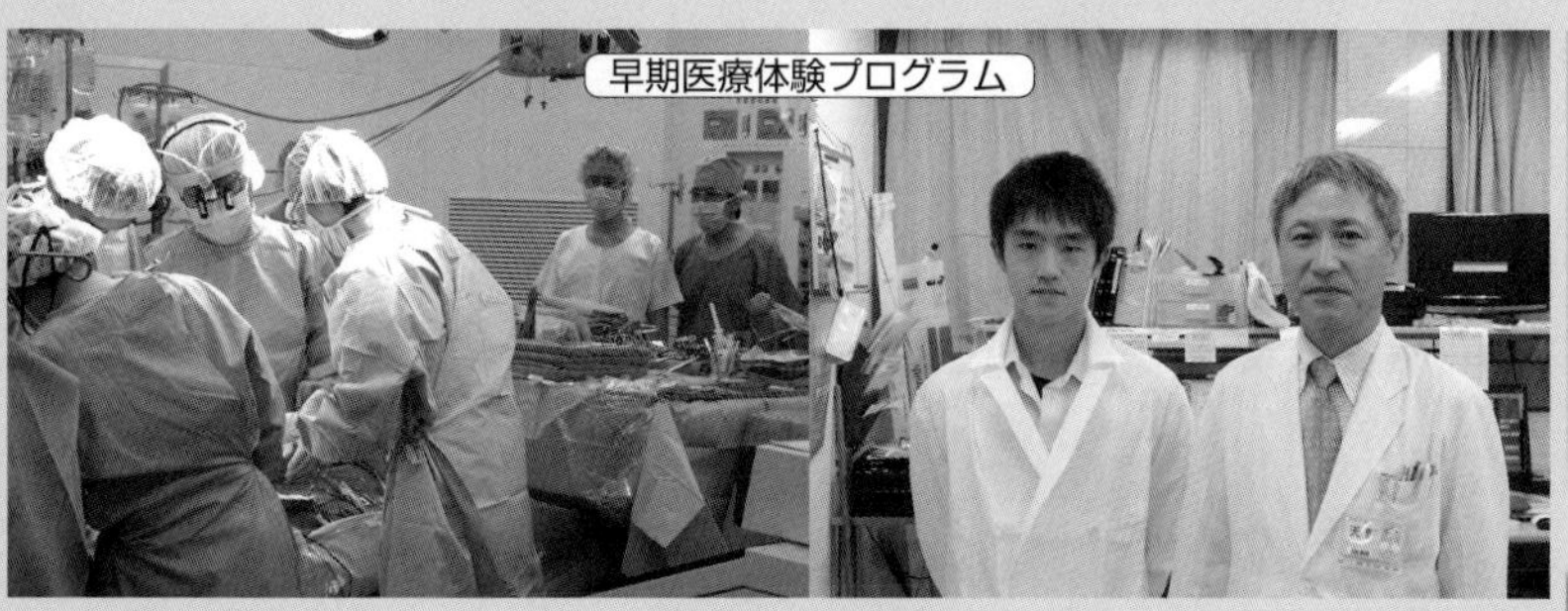

早期医療体験プログラム

進路講演会

各界で活躍する方々を招いた講演会や、医者の仕事を体験する「医師体験プログラム」などが行われ、生徒の進路選択をサポートしています。

2015年度(平成27年度)大学合格実績（ ）内は既卒

大学名	合格者	大学名	合格者
国公立大学		私立大学	
北海道大	14(8)	早稲田大	149(127)
東北大	25(14)	慶應義塾大	58(49)
筑波大	16(6)	上智大	24(24)
千葉大	14(6)	東京理科大	138(121)
東京大	27(15)	青山学院大	12(11)
東京外大	3(3)	中央大	81(79)
東京学芸大	3(1)	法政大	40(39)
東京工大	16(11)	明治大	156(144)
一橋大	19(12)	立教大	44(44)
横浜国立大	7(4)	学習院大	6(6)
京都大	9(6)	東京慈恵会医科大	1(1)
大阪大	3(1)	日本医科大	1(1)
その他国公立大	56(41)	その他私立大	55(40)
計	212(128)	計	765(686)

School Data

- 所在地　埼玉県さいたま市浦和区領家5-3-3
- アクセス　JR京浜東北線「北浦和駅」徒歩10分またはバス
- 生徒数　男子1150名
- TEL　048-886-3000
- URL　http://www.urawa-h.spec.ed.jp/

3学期制
週5日制（隔週で土曜授業あり）
月7時限、火〜金6時限
1・2年9クラス、3年10クラス
1クラス約40名

No.219 School Navi

女子校　東京都　板橋区

東京《とうきょう》家《か》政《せい》大《だい》学《がく》
附属《ふぞく》女子《じょし》高等学校

School Data

所在地	東京都板橋区加賀1-18-1
生徒数	女子のみ897名
TEL	03-3961-0748
URL	http://www.tokyo-kasei.ed.jp/
アクセス	JR埼京線「十条駅」徒歩5分、都営三田線「新板橋駅」徒歩12分、JR京浜東北線「東十条駅」徒歩13分、東武東上線「下板橋駅」徒歩15分

輝く未来を主体的に切り拓いていける女性へ

東京家政大学附属女子高等学校(以下、東京家政大女子)は、1881年(明治14年)に、女性が手に職を持ち自立して生きていくための教育をめざし設立されました。創立から130年以上が経った現在も、自らの未来を主体的に切り拓いていける女性を育成しています。

来年度から始まる「躍進·*i*教育」

東京家政大女子では、2016年度(平成28年度)から新たに「躍進·*i*教育」を展開していきます。「躍進·*i*教育」とは、さまざまな課題について地球規模で考え行動するために必要とされる「*i*ntercultural communication(異文化間コミュニケーション力)」と「*i*nformation literacy(情報リテラシー)」を習得し、「*i*nclusive community(様々な人たちを包み込む社会)」の創造に貢献できる女性を育てるためのものです。

その特徴は、全教科で協同学習(アクティブ・ラーニング)を取り入れる点です。こうした学習を通じて、生徒は主体的に学ぶ力だけでなく、ほかの人々と協力して課題に取り組んでいく協調的問題解決力を身につけていくことができるのです。そして同時に論理的思考力や表現力も養います。2年次までは共通履修で学び、3年次からは、国公立大進学、東京家政大進学、私立大進学など、個々の進路に対応したクラス編成になります。

また、来年度からは、高いレベルの英語を身につけたい生徒を対象とする、E CLASSが設置されます。ネイティブと日本人教員のチームティーチングの授業や英語でほかの教科を学ぶ講座など、英語の表現力とコミュニケーション力を磨くことができるクラスです。

自分が理想とする25歳をめざして

キャリア教育としては、独自の「ヴァンサンカン・プラン」を展開しています。ヴァンサンカンとはフランス語で25歳のこと。自己を確立し社会で活躍し始める25歳という時期に、理想の自分になっていられるように生徒を導いていきます。

入学直後の「25歳の私作文」から始まり、卒業生による講演会や東京家政大の教授による模擬授業、ボランティア体験、企業研究など、さまざまなプログラムを実施していきます。1年次から将来の自分を意識させることで、生徒は高校時代に自分がなにをすべきなのか自覚し、学習のモチベーションを高めていきます。

これからの社会に必要なスキルを身につけ、独自のキャリア教育プログラムで、生徒を輝く未来へと導く東京家政大学附属女子高等学校です。

No.220 School Navi

共学校　東京都　大田区

立正大学《りっしょうだいがく》付《ふ》属《ぞく》
立正《りっしょう》高等学校

School Data

所在地	東京都大田区西馬込1-5-1
生徒数	男子669名、女子347名
TEL	03-6303-7683
URL	http://www.rissho-hs.ac.jp/
アクセス	都営浅草線「西馬込駅」徒歩５分

「行学二道」の精神を養う教育

立正大学付属立正高等学校（以下、立正）の建学の精神「行学二道」は、「学校で学んだこと（学）を実際に行動で示すこと（行）の大切さ」「その行動の結果を新たな学びに活かすことの大切さ」を説いた言葉です。立正では、この建学の精神のもと「行学二道」を体現できる人材を育成しています。

２０１３年（平成25年）には、現在地に校舎が移転、明るくきれいな新キャンパスは、約５万冊の蔵書、約50誌の雑誌がそろう図書館をはじめ、屋内温室プールや人工芝グラウンド、ゴルフ場、弓道場などの体育施設も充実しています。

模試で自己分析
手帳を活用した取り組みも

クラスは、特別進学クラスと進学クラスの２種類があります。高２からは中学からの内進生と混合になり、特進文系・特進理系・進学文系・進学理系の４クラスに分かれていきます。

立正では１人ひとりの「学力の個性」を見極め、その個性に合わせた教育を実践しています。そのため、模擬試験を苦手分野の克服や学習計画作りにも役立てている点が特徴的です。進学クラスは年４～５回、特進クラスは年７～10回模試を受けます。そして、模試受験後は自己採点を通して「どこをどう間違えたのか」をじっくり分析していきます。そうすることで、今後の課題が見つかるとともに、自学自習の姿勢も自然と身につきます。

補習や特別講座も多彩です。長期休暇中や放課後に行われる、習熟度別や志望大学レベル別に設定された講座のほか、苦手科目の克服をめざす生徒に向けたフォローアップ講習も開かれています。

また、スケジュール手帳を全員に配り、自己管理能力を高めることにも取り組んでいます。生徒によって手帳の使い方はさまざまで、日々の宿題や提出物などを書きこむ生徒、自習記録をつけたりと日記代わりとして使う生徒、翌日の学習計画や今後の目標を書き込む生徒など、まさに十人十色です。なかには、手帳を担任への相談に使う生徒もいます。立正の教員は生徒の精神面を支えることも大切にしているため、気軽に悩みを相談しやすい雰囲気ができあがっているのです。

相談といえば、担任による定期的な面談のほかに、学習面のサポートとして教科担当面談が用意されています。これは各教科の教員との面談です。授業を担当する教員だからこそできるアドバイスを伝える機会を設けることで、１人ひとりの希望進路を実現していきます。

立正大学付属立正高等学校は、個性を尊重した教育を展開し、個々の学力を丁寧に伸ばしていきます。

山本《やまもと》 慎《まこと》 校長先生

School Data

所在地
東京都文京区春日1-13-27

アクセス
地下鉄丸ノ内線・南北線「後楽園駅」徒歩5分、都営三田線・大江戸線「春日駅」徒歩7分、JR総武線「水道橋駅」徒歩15分

TEL
03-3814-5275

生徒数
男子237名、女子255名

URL
http://www.cu-hs.chuo-u.ac.jp/

- 3学期制
- 週6日制
- 月～金曜6限、土曜2限
- 50分授業
- 1学年4クラス
- 1クラス約40名

東京都　私立　共学校

中《ちゅう》央《おう》大《だい》学《がく》高等学校

「自分を育てる、世界を拓く。」輝かしい未来を築く人物を育成

中央大学の附属校のなかで一番の歴史を持つ中央大学高等学校。中央大の学風を受け継ぎながら、「自分を育てる、世界を拓く。」というモットーのもと、小規模体制と立地を活かした学びを展開し、高い知性と豊かな人間性を育んでいます。

中央大学の学風 質実剛健と家族的情味を継承

１９２８年（昭和３年）に中央大初の附属校、中央大学商業学校として創立された中央大学高等学校（以下、中大高）は、校舎が中央大理工学部の後楽園キャンパス内にあるのが特徴です。１９５７年（昭和32年）に普通科を設置したのち商業科の募集を停止、１９９３年（平成５年）に昼間定時制に改められ、現在にいたります。２０１８年（平成30年）には創立90周年を迎えます。

そんな中大高で掲げられている3つの教育目標について山本慎校長先生は次のように説明されました。

「まず①〈『質実剛健』と『家族的情味』が育むもの〉は、中央大の学風を受け継いでいます。『質実剛健』とは、世の風潮に流されず、堅実で常識ある高校生活を送ること、『家族的情味』とは、教員と生徒、保護者の三者が親しみと信頼関係を築くなかで教育を実践することといった意味があります。②は〈『自立』と『自律』のこころを育む〉です。『自立』は、周りに依存せず自分のことは自分ですること、『自律』は、物事の正邪をしっかり見極め、自分の行動を正しい方向に導くことをさします。そして③〈高い志を実現する『真』のリーダーを育成〉は、情報を知恵に昇華できる学力、人を引きつける徳力、身体・精神双方の意味を含んだ体力を備えた魅力ある真のリーダーになってもらいたいという願いが含まれています。」

全科目主義を掲げ 教養を深める

昼間定時制を採用している中大高の始業時間は9時20分です。そのため、生徒たちは通学時に通勤・通学のラッシュを避けて登校できます。昼間定時制といってもカリキュラム上は全日制と変わらず「全科目主義」を掲げており、１・２年次は共通履修で基礎学力の定着をめざし、３年次から文系３クラス・理系１クラスの編成になります。理系クラスの男女比について中央大理工学部の教授でもある山本校長先生は、「近年、理工学部が理系女子を応援する方針を打ち出しており、人間総合理工学科といった理系の枠を越えた学科も新設されています。そのため、本校でも理系クラスの女子生徒の割合は高い方です」と説明されます。

中大高は附属校であることから、各教科の授業は受験をゴールとするのではなく、例えば国語の授業では、

色々な論文のコンクールに積極的に応募をしたり、社会研究の授業では社会問題について調査研究をして最終的にプレゼンテーションを行ったりと、教養を身につけることにも力が入れられています。第2外国語の講座や英検特講（2級に合格するまでは必修）などの講座も充実してい

体育祭

今年は中央大多摩キャンパスの体育館で行われた体育祭。なかでも注目は、夏休みから練習を始める応援団のダンス。数年前までは屋外で行っていたため、天候によって開催の有無が左右されることもありましたが、夏休みをかけて準備する生徒の努力をムダにしたくない、という先生方の配慮により、屋内で実施しています。

ます。

　一方、学力の差が開きやすい数学では、α（上位クラス）・β（中位クラス）・γ（サポートクラス）の3段階による習熟度別少人数授業を実施。生物や公民では、他大学受験のための大学入試センター試験対策特講などを用意したりと、1人ひとりの希望に応じるためのきめ細かな教育も実践しています。

　また、週6日制ですが、土曜日は「土曜講座」として設定しているのも特徴です。1年生はボランティア講座で、手話・フラワーセラピー・点字の3分野の基礎を指導者のもとで学び、2年生は普段の授業とは角度を変えた発展的な内容の授業を展開します。3年生は受験希望者に対する講座を開いています。

立地を活かした 高大連携教育を実施

　特色ある取り組みとしてあげられるのが「総合学習講座」です。世界中で活躍する方々を招き、それぞれの専門分野についての話を伺う催しです。色々な世界があることを知ることで、自分の将来を考えるきっかけにしてもらいたいとの思いで、年に1度開催されています。

　理工学部のキャンパス内に校舎があることを活かした高大連携教育も魅力です。理工学部の各学科では理系志望の生徒に、大学での勉強とはどんなものなのか身をもって体験してもらう「体験実験授業」を行っています。この取り組みは中央大の他の附属校では行っていない、中大高独自のプログラムです。そのほかにも理工学部の教授による「特別講義」、中央大経理研究所の「簿記検定講座」なども開講されています。

　文系志望の生徒は、希望すれば文系学部を擁する多摩キャンパスで各学部の講義に参加できます。「高校生のうちに実際に通うキャンパスの雰囲気を知ってほしいので、大学の教員が本校に来て講義をするのではなく、あえて生徒が大学に出向く形式をとっています」と山本校長先生。

　キャリア教育の面でも、理工学部と隣接していることでメリットがありました。理工学部で元々行っていた企業と連携したキャリア教育プログラムを、形を変えて中大高で実施することになったのです。高校生のうちから問題意識を持って社会を見渡すことで、自分の将来の生き方を考えてほしいという目的のもと始まったプログラムで、2年生の希望者約40名が参加します。大手企業からファシリテーター（※）を招き、少

※グループワークなどが円滑に進むように発言内容を整理したりする進行役のこと

後楽祭

後楽祭は文化部にとっての晴れ舞台であるとともに、クラスごとに展示、模擬店、演劇などさまざまな催しを行うお祭りでもあります。模擬店は中央大後楽園キャンパスの中庭を借り切って設置するため、毎年大にぎわいだそうです。

ホームルーム合宿

1・2年生合同で行われる2泊3日のホームルーム合宿。勉強をするためではなく「仲間作り」をするための行事で、大縄跳びをはじめとする楽しいイベントが目白押しです。

修学旅行

修学旅行委員を中心に、毎年生徒が一から作りあげる修学旅行。アンケートやプレゼンテーションなどをふまえて投票を実施し、得票数の最も多かった地域がその年の行き先になります。これまでも沖縄、北海道、ハワイ、シンガポールなど、国内外問わずさまざまな場所が選ばれています。

子高齢化や男女差別など、班ごとにテーマを設定し、課題解決のためにグループワークをしていきます。今年で4年目を迎えますが、参加した生徒からは毎年「参加してよかった」という声が多くあがるといいます。

大学の施設が利用できる恵まれた教育環境

中大高から中央大へは約9割の生徒が進学します。中央大への推薦は、公平さを保つために、定期テスト・校内実力テスト・外部模試・英検・漢検の結果、学校生活全般での様子などを点数化し、その順位にしたがって希望する学部学科を決めていくシステムです。

前述したような多彩な取り組みが志望学部を決めるために用意されていますが、それらに加えて、卒業生からなぜその学部を選んだのか、実際に進学してみてどうかといった話を聞く機会も設けられています。

そして、進学先が決まると、これから学ぶ学部学科で授業の先取り体験をします。例えば、法学部に進む生徒は、市ヶ谷にある中央大法科大学院の模擬法廷で模擬裁判を行います。自分たちで裁判のシナリオを作成して、裁判官・検事・弁護士・犯人・裁判員など役割分担をする本格的なものです。このように大学の施設が利用できるのも附属校の魅力といえます。とくに中大高は大学キャンパス内に校舎があるという恵まれた環境です。中央大の学生たちと生協食堂・店舗などを共有することにより、大学生活を身近に感じながら高校生活を送ることができます。

「本校が昼間定時制であることや、施設設備の状態を理解したうえで、真面目でしっかり努力のできる生徒さんに来てもらいたいのです。本校は1学年4クラスの小規模な学校ですから、教員は1～3年生までほとんどの生徒の顔と名前を覚えています。まさに教育目標でもある『家族的情味』で結ばれている学校なのです。行事もたくさんあるので、入学すれば充実した学校生活が送れることでしょう。」（山本校長先生）

2015年度（平成27年度）進学実績 （）内は既卒

学部名	進学者数		
中央大学進学者		首都大東京	2(0)
法学部	49	その他国公立大	2(1)
経済学部	20	計	7(1)
商学部	23	**他大学合格者（私立）**	
理工学部	24	早稲田大	3(0)
文学部	14	上智大	1(0)
総合政策学部	7	東京理科大	1(0)
計	137	青山学院大	3(0)
大学名	**合格者**	中央大	6(0)
他大学合格者（国公立）		法政大	5(0)
千葉大	1(0)	明治大	2(0)
東京学芸大	1(0)	立教大	3(0)
東京工大	1(0)	その他私立大	15(2)
		計	39(2)

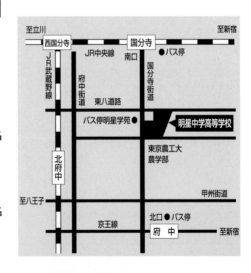

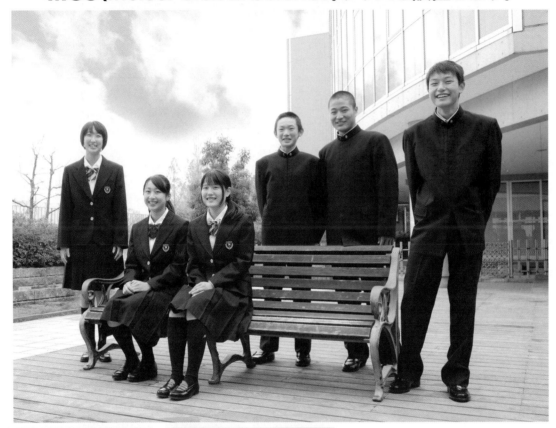

教えてマナビー先生！

世界の先端技術

▶マナビー先生

日本の某大学院を卒業後海外で研究者として働いていたが、和食が恋しくなり帰国。しかし科学に関する本を読んでいると食事をすることすら忘れてしまうという、自他ともに認める“科学オタク”。

search じゃんけんロボット

だれと「じゃんけん」をしても 絶対に負けないロボットが出現

「最初はグー！」みんなはじゃんけん強いかな。今回紹介するのは東京大で研究されている「じゃんけんロボット」で、人間を相手にじゃんけんをすると100%勝つロボットだ。すごいね。

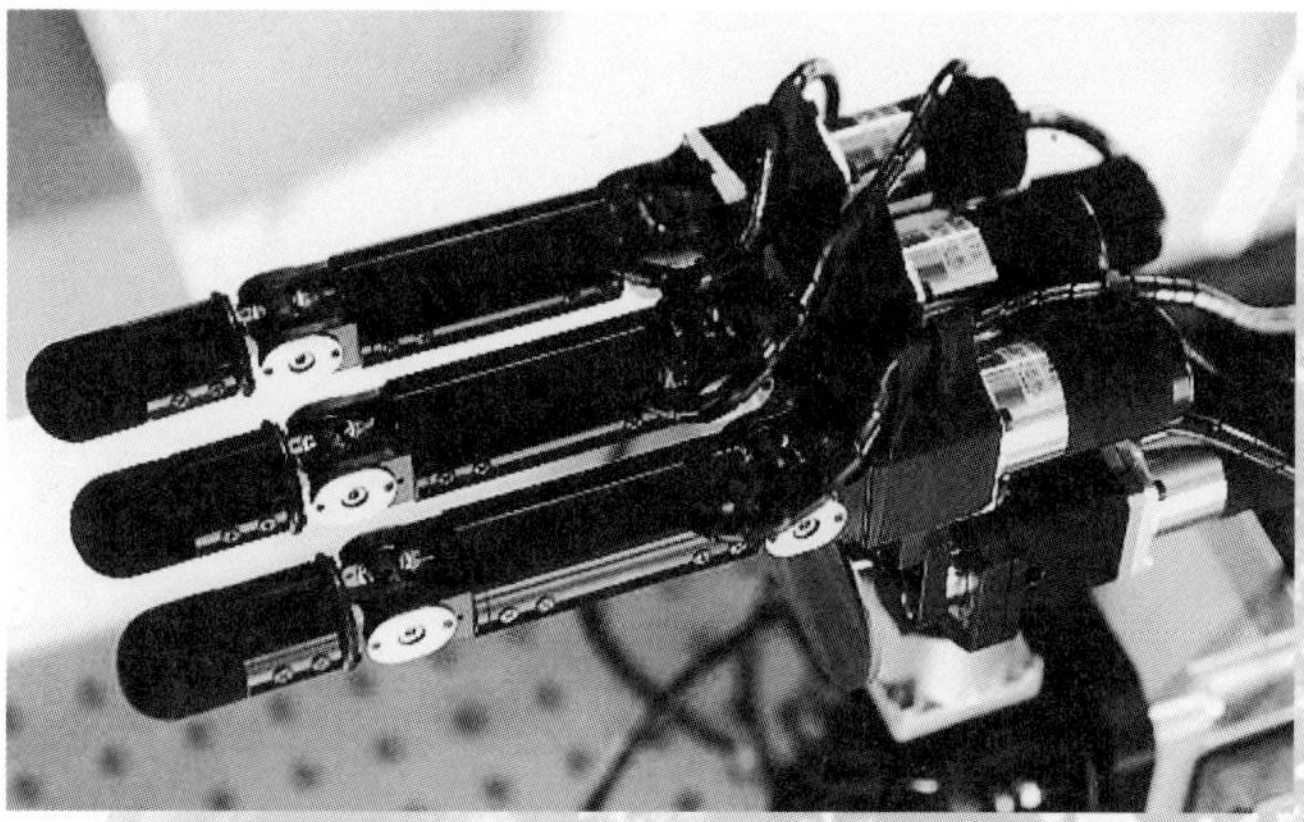

絶対に負けない「じゃんけんロボット」の指の部分、３本の指で、グー、チョキ、パーを表現する。（写真提供・東京大学 石川・渡辺研究室）

どうやって勝つんだろう？　種あかしをしてしまうと、このロボットの秘策は「あとだしじゃんけん」だ。そんなのずるいと思うかもしれない。でも、このロボットとじゃんけんをしてみても、だれも「あとだしだ！」なんて、見破れる人はいないんだ。

人間の目は、そんなに速く反応できるわけじゃない。例えば、家庭に来ている電気は交流だから、電灯は50Hzの関東では１秒間に50回、60Hzの関西では１秒間に60回もついたり消えたりしている。でも、明るさが変化しているように感じるかい？　テレビも1秒間に30枚の絵が切り替わっているけれど、そんなことに気づくことはないんじゃないかな。

じゃんけんロボットは、対戦相手の手の動きを高速でずーっと監視して、なにを出すかを瞬時に判断、反応して、高速で動くロボットの指で、勝つ手を出してしまうんだ。研究者たちは、人の手を見るカメラの性能を、普通のカメラの30倍も速い、１秒に1000枚の画像を撮影できるものにした。得た画像から瞬時に手の変化を認識し、なにを出すかを判断するソフトウエアも作った。じゃんけんをするときには手が動くよね。手をずっと視野に入れ続ける自動追跡システムも作ったんだ。

なぜ、こんな研究が行われているのだろうか。じゃんけんに勝つ装置を作って、なんの役に立つというんだろう。

いま、色々な工場で求められているのは、人といっしょになって協力しながら動くロボットなんだ。コンビを組む人をサポートするためには、人がなにをしようとしているかを判断し、人よりも素早く動作ができてこそ、生産性をあげることができる。つまり「あとだしじゃんけん」がばれないぐらいに速く対応できるロボットがほしいんだね。

この研究が進むと、人間と機械で協調動作ができるようになり、もっと安全で、効率のよい作業ができるようになる。人間よりも効率のよい労働力ともいえるロボットのおかげで、安くて安全な製品ができるようになる日が、もうそこまで来ている。

和田式教育的指導

期末試験が終わったら受験モードに切り替えよう

間もなく、2学期の期末試験の時期がやってきます。中学3年生のみなさんにとっては、中学校生活最後の頑張りどころといえるのではないでしょうか。今回の「和田式教育的指導」は、この時期に意識しておきたい「心得」についていくつかお話しします。

2学期期末試験までは学校の勉強に専念

みなさん、勉強の調子はいかがですか？　2学期も終盤に差しかかり、期末試験を控えるこの時期。一方で、高校入試まであと2カ月ほどというタイミングでもあります。いよいよラストスパートをかけたい、というのが本音でしょう。

受験勉強に早く専念したいけれど、授業もあるし、学校の試験勉強もしなくてはならない。そんなジレンマと戦っている人も少なくないでしょう。

目の前にある期末試験と、その先にある入学試験。どちらも中途半端になりそうで、戸惑っているかもしれませんね。

確かに、この時期は学校の勉強を捨てるわけにはいきません。なぜなら、高校受験には、内申点が影響するからです。

とくに公立高校入試においては、内申点の比率が高く、気を抜くことができません。多くの都道府県では、中学3年次の1・2学期の成績が内申点に反映されます。また、同時期

和田先生のお悩み解決アドバイス

Q　受験勉強の合間に気分転換がしたい

Hideki Wada

和田秀樹

1960年大阪府生まれ。東京大学医学部卒、東京大学医学部附属病院精神神経科助手、アメリカのカールメニンガー精神医学校国際フェローを経て、現在は川崎幸病院精神科顧問、国際医療福祉大学大学院教授、緑鐵受験指導ゼミナール代表を務める。心理学を児童教育、受験教育に活用し、独自の理論と実践で知られる。著書には『和田式　勉強のやる気をつくる本』（学研教育出版）『中学生の正しい勉強法』（瀬谷出版）『難関校に合格する人の共通点』（共著、東京書籍）など多数。初監督作品の映画「受験のシンデレラ」がモナコ国際映画祭グランプリ受賞。

の出席日数も気にしなくてはなりません。

言い換えれば、学校の勉強や生活を頑張らなくてはならないのは、2学期いっぱいまで。それ以降は受験勉強に徹すればいい、ということです。そう考えれば、無理なく両立できるのではないでしょうか。

つまり、いまは切り替えの時期というわけです。「本格的な受験モードは期末試験後から」と割りきって、期末試験までは学校の勉強、そして授業に出席することに専念してください。

受験勉強を効率よく進めたいのであれば、期末試験対策も、受験に関係する科目を中心に勉強するように心がけるといいでしょう。

期末試験対策としての勉強を、入学試験にもフィットするように進めていくことができれば、いわゆる「一挙両得」を狙えるわけです。どちらの試験にも出そうなところを重点的にやるなどといった工夫をするといいと思います。

大切なのは体調管理　一夜漬けは卒業しよう

また、この時期に一番重要なことは、体調をしっかり管理することです。よく、学校の中間試験や期末試験のとき、一夜漬けで勉強する人がいますよね？　しかし、いまは受験まであと少しという大事な時期ですから、一夜漬けは絶対に避けてください。寒い冬の季節。睡眠時間を削るなど、一夜漬けの勉強で身体に無理をさせると、風邪をひいてしまうかもしれません。

これでは、期末試験を乗りきったとしても、そのあとの受験勉強に支障が出てしまいます。

体調管理対策としておすすめなのは、この時期から早寝早起きの習慣を身につけることです。一夜漬けの勉強スタイルを卒業する、いい機会になるのではないでしょうか。期末試験後に待ち受けている、本格的な受験モードに備え、いまのうちから生活習慣を整えておきましょう。

A　自分が楽しめることを見つけておこう

気分転換とは、心を休め、リフレッシュさせること。一般論からいうと、心の休養と身体の休養は違います。例えば、風邪で会社を休んだ人がテニスをしているところを見たら、どう思うでしょうか。「あの人、仮病だな」と思うかもしれませんね。では、風邪でなく、心の病ではどうでしょうか。よく、精神科の患者さんに、「3カ月の休養が必要です」と伝えると、「休養＝安静にすること」だと思われてしまいがちです。心の場合、「休養＝楽しんで気持ちを楽にすること」だと覚えておいてください。受験生についても、同じことが言えます。勉強で心が疲れたときは、自分が楽しめることをするとよいのです。例えば、少しゲームをしたり、散歩したらスッキリするとか、自分に合った方法をいくつか見つけておくといいでしょう。いまだけでなく、この先、大学受験のときなどにも使えるかもしれません。ただし、気分転換のつもりでやっていることに、はまらないよう気をつけてください。時間を区切るなどして取り入れるようにしましょう。

Tasuku Masao

教育評論家 正尾 佐の

高校受験指南書

［百八の巻］

今年出た難しい問題3

国語

数学、英語と続けてきた「今年出た難しい問題」シリーズの第3弾は国語だ。前号の英語は、開成の問題を扱った。すると、読者から「国語も！」という要望があった。要望にすぐ応えるのが、この連載のモットーで、即、実行だ。

次の文章を読んで、後の問に答えよ。なお、文章中の「（＝　）」はその直前の部分の現代語訳または注である。また、音読み漢字のルビは現代仮名遣いに従っている。

李白《りはく》十歳の初秋であった。県令の下《もと》に小奴《しょうど》（＝子供の召使い）となつた。

或日《あるひ》、牛を追つて、堂前《どうぜん》（＝正殿の前）を通つた。

県令の夫人が欄干《らんかん》に倚《よ》り、四《あた》方《り》の景色を眺めてゐた。

穢《きたな》らしい子供が、穢らしい牛を、臆面《おくめん》も無《な》く追つて行くのが、彼女の審美性を傷付けたらしい。

「無作法ではないか、外《よそ》をお廻《まは》り。」

すると、李白は、声に応じて賦《ふ》した（＝詩を作った）。

「素面《そめん》　欄鉤《らんこう》ニ倚《よ》リ（＝素顔でかどの手すりに寄りかかり）、嬌声《きょうせい》　外頭《がいとう》ニ出《い》ヅ（＝あでやかな声が建物の外に聞こえてくる）、

[1]若《も》シ是《こ》レ織女《しょくじょ》ニ非《あら》ズンバ、何ゾ必ズシモ牽牛《けんぎゅう》ヲ問ハン（＝牽牛に問いかけたりしましょうか。※織女・牽牛は七夕伝説の登場人物。）」

これに驚いたのは夫人で無《な》くて、その良人《をっと》の県令であつた。早速、引き上げて、小姓《こしょう》とした。さうして、硯席《けんせき》（＝自学の場）に侍《はべ》らせた。

或夜《あるよ》、[2]素晴らしい山火事があつた。

「野火《やか》　山《やま》ヲ焼クノ後、人《ひと》帰《かへ》レドモ火帰ラズ」

県令は苦心して此処《ここ》まで作つた。後を附《つ》けることが出来《でき》なかつた。

「おい、お前、附けてみろ。」

県令は李白《りはく》へかう云《い》つた。

十歳の李白は、声に応じて云つた。

「焔《ほのほ》ハ紅日《こうじつ》ニ随《したが》ツテ遠ク、煙ハ暮雲《ぼうん》ヲ逐《お》ツテ飛ブ」

県令は苦々《にがにが》しい顔をした。それは、自分よりも旨《うま》いからであつた。

五歳にして六甲《りくこう》（＝月日のこよみ）を誦《しょう》し、八歳にして詩書に通じ、百家（＝数多くの思想家たちの書）を観《み》たという寧馨《ねいけい》児《じ》（＝神童）であつた。田舎役人の県知事などが、李白に敵《かな》ふ可《べ》き道理が無かつた。

或日《あるひ》、[3]美人の溺死人《できしにん》があつた。で、県令は苦吟《くぎん》した。

「二八《にはち》　誰《た》ガ家《いへ》ノ女《むすめ》、飄《ひょう》トシテ来《きた》リ岸蘆《がんろ》ニ倚《よ》ル、鳥ハ眉上《びじょう》ノ翠《すい》ヲ窺《うかが》ヒ、魚ハ口傍《こうぼう》ノ朱《しゅ》ヲ弄《ろう》ス（＝歳《とし》十六ばかりのどこの家の娘であろう、風にふかれ岸辺のアシのもとに打ち寄せられた、鳥は美しいその眉を獲物のように見つめ、魚は唇に残った赤みを餌のように思いつつく）」

すると、李白が、後を継いだ。

「緑髪《りょくはつ》ハ波ニ随《したが》ツテ散リ、紅《こう》顔《がん》ハ浪《なみ》ヲ逐《お》ツテ無シ、何ニ因《よ》ツテ伍相《ごしょう》ニ逢《あ》フ、応《まさ》ニ是《こ》レ秋胡《しゅうこ》ヲ想《おも》フナルベシ（＝どうして伍相に会うことになったのか、きっとそれは秋胡と同様の思いであったのだろう※伍相は中国古代の人、本名は伍員《ごうん》、遺体は葬られず川に流された。秋胡も中国古代の人、夫の不義をなげき川に身を投げた。）」

また、県令は厭《いや》な顔をした。で、李白《りはく》は、危険を感じ、事《こと》を設けて仕《つかへ》を辞《じ》した。

詩的小人《しょうじん》といふものは、俗物よりも嫉妬深いもので、それが高《こう》ずると偉《えら》いことをする。

李白の逃げたのは利口であつた。

（国枝史郎《くにえだしろう》「岷山《みんざん》の隠士《いんし》」による）

読みにくい問題文だね。現代語訳と注とを、もう少し見やすく表示してくれると、受験する中学生に親切だと言えるのだが。

これは、中国を代表する詩人の1人、李白が少年のころから優れた詩の才能を発揮したエピソードを述べている文章だが、実際に受験場でこの問題に接した中学生のほぼ全員が、〝李白の詩のすばらしさ〟を感じ取ることはできなかっただろう。

県令の「野火《やか》　山《やま》ヲ焼クノ後、人《ひと》帰《かへ》レドモ火帰ラズ」という詩句と、李白少年の「焔《ほのほ》ハ紅日《こうじつ》ニ随《したが》ツテ遠ク、煙ハ暮雲《ぼうん》ヲ逐《お》ツテ飛ブ」という詩句とを比べて、どちらが優れているのかを判断するのは、中学生にはほぼ無理だ。

ただし、最難関高校をめざしている人なら、話の大まかな筋は見当がつくはずだ。内容は、

(1)　李白の作った詩をすばらしいと、県令が感心したこと。

(2)　そして、李白を自分の召使いに取り立てたこと。

(3)　しかし、李白が自分よりも詩作に優れていたので、苦々しく思ったこと。

(4)　そのため、県令が自分をひどい目にあわせそうだと推測した李白は、すぐに逃げ出したこと。

という4点がポイントだ。

では、設問を見てみよう。

問一、——1「若《も》シ是《こ》レ織女《しょくじょ》ニ非《あら》ズンバ、何ゾ必ズシモ牽牛《けんぎゅう》ヲ問ハン」という詩句によって、李白は県令の妻にどのようなことを伝えようとしたのか、説明せよ。

これは難問中の難問だ。じっくり説明をしよう。季節は初秋だ。李白少年は牛を牽《ひ》いている。その少年に県令夫人は声をかけた。実際は「めざわりだ、あっちへ行け」と叱ったのだが、李白少年はとっさに切り返して、詩を詠《うた》った。その詩はどういう内容だったろうか。

まず、県令の妻はどう記されているか。

県令の夫人が欄干《らんかん》に倚《よ》り、四方《あたり》の景色を眺めてゐたとある。これは、李白の詩の

素面《そめん》　欄鉤《らんこう》ニ倚《よ》リ、嬌声《きょうせい》　外頭《がいとう》ニ出《い》ヅ

と傍線部が重なるので、詩は県令夫人を詠ったものだろうとわかるね。

身分のある女性は、化粧もしないで人前に自分の顔をさらすことはしない。だが、県令夫人は「素面」だった。黛《まゆずみ》も紅白粉《べにおしろい》もせずにいる。自分の美貌に自信があったのだろう。

しかも、声も美しい。「素面」が目で見る美しさ（視覚美）、「嬌声」は耳で聞く美しさ（聴覚美）だ。

傍線部1の「若《も》シ是《こ》レ織女《しょくじょ》ニ非《あら》ズンバ」は、『もしもこの女性が織姫《おりひめ》でないとしたら』という意味だ。つまり『この女性は（あの美しい）織姫に決まっているから』と言いたいのだ。

どうしてほかの美女ではなくて、織女にたとえたのか。それは「初秋」で、自分が牛を牽いていたからだ。七夕はもちろん七月七日夜で、七月は秋だね。

念のために言うと、旧暦（昔の暦）では、七月が初秋、八月が中秋、九月が晩秋だ。

県令夫人から「あっちに行け」と言われた李白少年は、「私は『牽牛』ですから、『織女』が私に問いかけるのは当たり前ですね」、という詩を即座に作って、返答したのだ。

つまり、「『立ち去れ』とおっしゃるが、年に一度、牽牛が天の川を渡ってわざわざ織女に会いにくるように、私は素敵な女性の所に引きつけられて来たのです」と言ったことになる。

たかだか10歳の子どもなのに、あまりにも大人びた返答だから、県令が驚いたというわけだ。

正解

あなたは織女のように素敵な女性だから、牛を牽いている私に声をかけてきたのですね、ということ。

別解

自分を牽牛にたとえて、相手を織女のように素敵な人ですねとほめる気持ち。

問二、——2「素晴らしい山火事」・3「美人の溺死人《できしにん》」という変わった表現には、李白や県令の対象に向き合うどのような姿勢があらわれているか、説明せよ。

これも難しい問いだね。でも、すぐに「あれ？」と思うはずだ。山火事は不幸な出来事だし、溺死人は身体が醜くふくれあがって目を背けたくなる姿になっている。

それなのに、この文章のなかでは、「素晴らしい」とか「美人」と表現されている。それは、問いの「対象」とは、「山火事」「溺死人」のことだから、県令も李白も火事を「素晴らしい」、死体を「美」と感じたということだよ。

問題文の終わり近くに「詩的小人」とあるが、県令も李白も詩人なのだ（ただし、李白は大詩人だが、県令は実際のところ、詩の好きなつまらない男＝詩的小人だが）。

一般の人々ならば「不幸だな…」とか「悲惨だわ…」と感じるような事柄でも、詩人や詩の好きな人は、

とかく美しい詩の題材として見がちなものなんだね。

例えば、大火事でも「よし、家を建てる人が多いだろう。材木を買い占めて、高く売ろう」とすぐに思いついて実行する人もいるだろう。

このように、1つの悲劇に対して、すべての人が同じように悲しく感じるわけではない。

詩人でも、画家でも、芸術家はなによりも美を追い求める人たちだというわけだ。

正解

たとえ多くの人たちが不幸だとか悲惨だとかと思うような事柄でも、そこに美を見つけ出そうとする姿勢。

問三、李白によって完成された野火の詩と溺死人の詩は、唐の時代に流行した漢詩の形式の分類に従うと、何と呼ばれるものか。それぞれ漢字四文字で答えよ。

漢詩の形式についての知識があれば解ける問いだ。ほとんどの人が知っているだろうが、念のため、説明しよう。

漢詩は、行の数と、文字の数が決まっていることが多い。

例えば、「春暁」というタイトルの詩がある。

春眠不覚暁（春眠暁を覚えず）
処処聞啼鳥（処処啼鳥を聞く）
夜来風雨声（夜来風雨の声）
花落知多少（花落つること知る多少）

これは4行の詩だ。整然としている。そして1行が5文字で、このような四行の詩を絶句（ぜっく）という。倍の8行の詩は律詩（りっし）という。この2つを覚えておけば高校入試は十分だ。

そして、1行が5文字のものを五言（ごごん）と言い、7文字のものを七言（しちごん）と言う。これもこの2つだけ覚えておけばよい。

これらを組み合わせると、五言絶句・五言律詩・七言絶句・七言律詩の4種類になる。

高校では、さらに対句（ついく）とか押韻（おういん）とか、もっともっと漢詩の知識を学ぶことになるから、その前に右の4種類をしっかりと記憶しておこう。

さて、野火の詩は

野火《や》《か》　山《やま》ヲ焼クノ後、人《ひと》　帰《かへ》レドモ火帰ラズ
焔《ほのほ》ハ紅日《こうじつ》ニ随《したが》ツテ遠ク、煙ハ暮雲《ぼうん》ヲ逐《お》ツテ飛ブ

というものだった。これを漢字だけ抜き出すと、

野火山焼後　人帰火帰
焔紅日随遠　煙暮雲逐飛

ピンとくるね。4行で各行5文字だ。

「いいや、4文字の所があるよ！」だって？　それは「帰ラズ」の「ズ」を仮名で書いているからだ。じつは元々は「不帰＝帰らず」で、「人帰火不帰」なんだよ。これは4行で5言だね。

溺死人の詩は、

「二《に》八《はち》　誰《たが》　家《いへ》ノ女《むすめ》、飄《ひょう》トシテ来《きた》リ岸蘆《がんろ》ニ倚ル、鳥ハ眉上《びじょう》ノ翠《すい》ヲ窺《うかが》ヒ、魚ハ口傍《こうぼう》ノ朱ヲ弄《ろう》ス」
「緑髪《りょくはつ》ハ波ニ随《したが》ツテ散リ、紅顔《こうがん》ハ浪《なみ》ヲ逐《お》ツテ無シ、何ニ因《よ》ツテ伍相《ごしょう》ニ逢《あ》フ、応《まさ》ニ是《こ》レ秋胡《しゅうこ》ヲ想《おも》フナルベシ」

というものだが、漢字だけ抜き出すと、

二八誰家女
飄来岸蘆倚
鳥眉上翠窺
魚口傍朱弄
緑髪波随散
紅顔浪逐無
何因伍相逢
応是秋胡想

となるから、ただちに8行で5言だとわかる（なお、原詩は、この文字の順と異なる。例えば「焔紅日随遠」は「焔随紅日遠」である）。

正解

野火の詩→五言絶句
溺死人の詩→五言律詩

東大入試突破への現国の習慣

田中コモンの今月の一言！

「あるべき姿」をイメージして、決めたことを習慣化するべし！

田中《たなか》 利周《としかね》先生
早稲田アカデミー教務企画顧問
東京大学文学部卒。東京大学大学院人文科学研究科修士課程修了。文教委員会委員。現国や日本史などの受験参考書の著作も多数。

グレーゾーンに照準！今月のオトナの言い回し「ルーティン」

このコーナーでは何度となくスポーツ選手の話題を取り上げてきました。それは「世界中が注目している選手」が、プレッシャーをものともせず堂々とプレーしている姿を通して、「本番で強さを発揮するメンタルのあり方」や「それを支える日々の練習の重要さ」をあらためて認識して、皆さんが学習に取り組む際のアドバイスとして活かすことを目指したためのものでもありました。単に筆者がスポーツ好き（観戦が好きなだけで、自分でプレーするのは苦手です）だから、というだけの理由ではなく、ちゃんと「お役に立つ」ことを念頭に記事を書いてきたつもりです！

これまでの記事を読み返して確認したわけではありませんので、取り上げたことを忘れている選手もいるかもしれませんが、思いつくだけで「サッカーワールドカップで絶妙なフリーキックを成功させた本田圭佑選手」や「オリンピック二連覇を成し遂げた競泳平泳ぎのスペシャリスト北島康介選手」や「体操男子世界選手権の個人総合で五連覇中のオールラウンダー内村航平選手」や「メジャーリーグベースボールの頂上決戦を制した世界一のクローザー上原浩治選手」といった面々を取り上げて、選手の日々の練習への取り組み方やメンタル面での強化の仕方などを参考にして「ぜひ皆さんも心がけてみてください！」といった調子で呼びかけてきました。

スポーツの話題を取り上げる際、筆者の頭の中では常にある方の声が響いています。それは、スポーツ選手が練習に明け暮れている姿に対して「素晴らしい！」と賞賛の声が上がるのに対して、勉強に一心に打ち込んでいる受験生の姿に対しては、ややもすると「かわいそう」といった同情の声がかけられることについて、「そうではない！　勉強もスポーツと同じだ！」と喝破された、早稲田アカデミーの創業者、須野田誠塾長の言葉です。スポーツマンでもあった須野田塾長は、スポーツと勉強に対する取り組み方の「心構え」の共通点を、よくお話し下さいました。

そんなわけで今回取り上げてみたいのが「ルーティン」です。ルーティン(routine)とは、「決められた一連の動き」や「決められたパターン」などの意味を持つ言葉ですが、スポーツの場面では「型にはまった一連の動作」と考えるとわかりやすいかもしれません。イチロー選手が試合中にみせるルーティンはよくモノマネの対象にもなっていますよね。でも、今話題のルーティンといえば、ラグビーワールドカップで歴史的な勝利をあげた日本代表、その副キャプテンを務める五郎丸歩選手の「ルーティン」ですよね。正確無比なキックを武器とする不動のFB（フルバック）です。「拝むように手を合わせ、前かがみになってから蹴る」このルーティンは、五郎丸選手のメンタルコーチである荒木香織先生（兵庫県立大准教授）と一緒に考えたそうです。「五郎丸ポーズ」として子どもたちにも人気の仕草となっていますが、筆者の教え子の小学生が「あのポーズだけじゃないんだよ！」と教えてくれました。

　五郎丸選手はキックの前に「まずボールの感触を確かめながら、2回まわしてセットする」そうです。そして「後ろへ3歩、左へ2歩、進んで立ち止まる」。その場で「右手でボールの方向を確認する動作を行い」、次に来るのが「拝むように手を合わせて下半身の力を抜くポーズ」なのだそうです。その後、ゆっくりと体重を前方へ移動してキックします。

　これはテストにも役立つのではないか！　と考えた筆者は、自身の思い出をたどってみました。思い出しましたよ！　東大の先輩にあたる方お二人が、テストの前に「机で行う儀式めいた一連の動作」を実行していたことを！

　お一人の方は、テストに使う机（いつも自分で使っている机とは限らない）を前にして、やおらティッシュペーパーを取り出して、左の奥の角から右の手前の角まで、きっちりと左から右へと上から順にふき取っていき、机の面がきれいになったと思ったら、両肘をついて祈るように手を組み合わせて、試験開始時間を待つというルーティンでした。もう一人の方は、…これはものすごく目立っていました。シャープペンシルを握りしめたまま机に向かっているかと思った瞬間、空中にシャープペンシルを放り投げるのです！　しかも下から上に向かって手を使ってスルーするという感じではなく、何の予備動作もないまま突然に体全体を使ってシャープペンシルを空中に浮かせるという、なんとも奇妙な動きで。さらには、落ちてくるシャープペンシルを、こちらは派手な動きでもって右手でキャッチするという…周りにはとても迷惑なルーティンでした。

　みなさんも、ぜひ！　って（笑）。ダメですよ！　マネしちゃ。でも、お二人とも成績優秀であったことは事実です。偶然でしょうが、お二人とも大学の先生になっておられます。

慇・懃・無・礼?! 今月のオトナの四字熟語

「正確無比」

　「先生！　今のルーティンの話では、役に立たないと思いますが…」おっしゃるとおりです（笑）。話を続けたいと思います。「正確無比」と形容される五郎丸選手のキックですが、「ルーティンを行ったから蹴ることができる、というものではありません」と選手自身がコメントされています。それはそうですよね。「拝んだら上手になりました」というレベルの話と一緒にすることはできませんから。むしろ「決められた動作、一連の動き」が完成するまでのプロセスにこそ注目しなくてはなりません。何気なく行っていた仕草を徹底的に意識することで、ぶれることのない「決まり」を見つけ出していくのです。そして「決まり」ができたら、その決まったとおりの「一連の動き」ができるようになるまで、これも徹底的に繰り返していくのです。そうして初めて、「正確無比」につながるルーティンという武器を手に入れることができるのです。一連のつながった作業は無駄な動きを省くことができます。余計なことを考えずに「今」に集中できるようになります。失敗しない行動をとっているという自信から、緊張もほぐれて実力を十分に発揮できるようになります。そのために「徹底して行う」というプロセスがどうしても欠かせないのです。

　学校から帰宅する↓手を洗う↓リビングで腰掛ける↓テレビをつける↓おやつをつまむ↓気がつけば一時間たっていた↓着替える…といった毎日繰り返される自分の行動も自然とルーティン化されてしまっています。「このままでいいのか？いや、ダメだ！」と思えるのなら、先ずは自分の行動を徹底的に意識することです。五郎丸選手にならうならば、「ルーティンはイメージ」から始まります。何よりも「自分はこうありたい」という姿を鮮明にイメージすることが先決なのです。そして自分の思い描いた理想に近づくために、自分の行動を決めていくのです。お分かりでしょうか。

　予習復習も常に完璧！　という学習態度を目指すなら、学校から帰宅する↓手を洗う↓着替える↓机に向かう…と、ルーティン化するべきでしょう、言うまでもなく（笑）。「わかっちゃいるけど…やめられない」のが世の常だとするならば、そこに逆らうことにこそルーティンの本当の意義があるのです！　どんな動作でも意識することにより、自分が望む行動や習慣に変えることができ、素晴らしい成果をあげることができるようになるのです。始めは慣れなくても、とにかく続けて決められた段取りを習慣化させることです。その習慣が潜在意識にすり込まれ、自分の「ルーティン」ができるのですから！

弧BCに対する円周角は等しいから

∠BAE＝∠CDE…①

弧AD に対する円周角は等しいから

∠ABE＝∠DCE…②

①、②より、対応する2組の角がそれぞれ等しいので

△ABE∽△DCE

(2)　△ABE∽△DCEより、BE：CE＝AB：DC ＝$6\sqrt{5}$：$2\sqrt{5}$＝3：1

よって、DE＝xとすると、BE＝$10-x$だから、

CE＝$\frac{10-x}{3}$

△CDEにおいて三平方の定理より、$CE^2+DE^2=CD^2$が成り立つから、

これより、$\left(\frac{10-x}{3}\right)^2+x^2=(2\sqrt{5})^2$

これを整理して、$x^2-2x-8=0$

これを解いて、$x=-2$、4

$0<x<10$より、$x=4$

よって、DE＝**4(cm)**

前問と同じく、相似と三平方の定理を活用する問題です。

問題3

図のように，線分ABを直径とする半円Oの周上に２点C，Dをとり，２直線AC，BDの交点をE，線分ADとBCの交点をFとする。

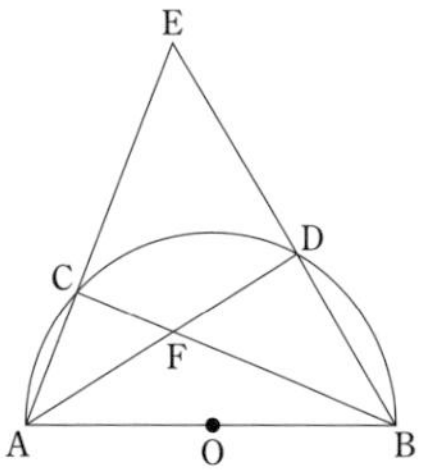

AD＝$3\sqrt{13}$，DE＝$2\sqrt{13}$，CE＝8のとき，以下の問に答えよ。　（青山学院）

(1)　線分CF の長さを求めよ。

(2)　線分CD の長さを求めよ。

(3)　△CFD の面積を求めよ。

＜考え方＞

(1)　直径に対する円周角は直角であることから、三平方の定理が使えます。

(2)　△EAB∽△ECDを利用する方針で、BEの長さを求めてみると、点Dが特殊な点であることがわかります。

(3)　△CAFとの面積の比を考えましょう。

＜解き方＞

(1)　ABは直径だから、∠ACB＝∠ADB＝90°

△ADEにおいて、三平方の定理より、

$AE=\sqrt{AD^2+DE^2}=\sqrt{(3\sqrt{13})^2+(2\sqrt{13})^2}=13$

よって、AC＝13−8＝5

△ACFと△ADEにおいて、∠ACF＝∠ADE(＝90°)、∠A共通より、△ACF∽△ADE

ゆえに、AC：AD＝CF：DEだから、CF＝xとすると、5：$3\sqrt{13}$＝x：$2\sqrt{13}$が成り立つ。

これより、CF＝x＝$\mathbf{\frac{10}{3}}$

(2)　△ADEと△BCEにおいて、∠ADE＝∠BCE(＝90°)、∠E共通より、△ADE∽△BCE

ゆえに、AE：BE＝DE：CEだから、BE＝yとすると、13：y＝$2\sqrt{13}$：8が成り立つ。

これより、$y=4\sqrt{13}$だから、BD＝$2\sqrt{13}$

よって、点Dは線分BEの中点だから、直線ADは線分BEの垂直二等分線である。

これより、∠BAD＝∠EAD…①

弧BDに対する円周角より、∠BAD＝∠BCD…②

弧CDに対する円周角より、∠EAD＝∠CBD…③

①〜③より、∠BCD＝∠CBD

よって、CD＝BD＝$\mathbf{2\sqrt{13}}$

(3)　△ACF∽△ADEより、AC：AD＝AF：AEだから、AF＝zとすると、5:$3\sqrt{13}$＝z:13が成り立つ。

これより、AF＝z＝$\frac{5\sqrt{13}}{3}$

よって、△CAF：△CFD＝AF：FD

＝$\frac{5\sqrt{13}}{3}$：$\left(3\sqrt{13}-\frac{5\sqrt{13}}{3}\right)$＝5：4

したがって、△CFD＝$\frac{4}{5}$△CAF＝$\frac{4}{5}\times\frac{1}{2}\times5\times\frac{10}{3}=\mathbf{\frac{20}{3}}$

図形の問題は、どこに着目して問題を解き始めるかがポイントになりますが、その部分が見えにくいのが円の特徴です。また、相似の性質や三平方の定理を利用する複合的な問題も少なくありません。これを克服するには、円の基本定理をしっかり身につけたうえで、多くの問題を解いて経験を積んでいくことが大切です。パターンを整理していくことで、解き方のコツが身についていきますから、ぜひ頑張ってください。

数学

楽しみmath 数学！DX

着目するポイントが見えにくいのが円の特徴

登木 隆司先生

早稲田アカデミー 城北ブロック ブロック長
兼 池袋校校長

今月は、円の性質とその応用について見ていきましょう。初めに、円周角の定理を用いて等しい角を見つけていく問題です。

問題1

それぞれの∠xの大きさを求めなさい。

(1) 図１で，３点A，B，Cは円Oの周上にあり，AO//BC。線分ACとCBの交点をDとする。（茨城県・一部略）

(2) 図２で，円Oの円周上に4点A，B，C，Dがあり，線分BDは円Oの直径で，AC＝AD，∠AOB＝66°とする。（埼玉県・一部略）

図1

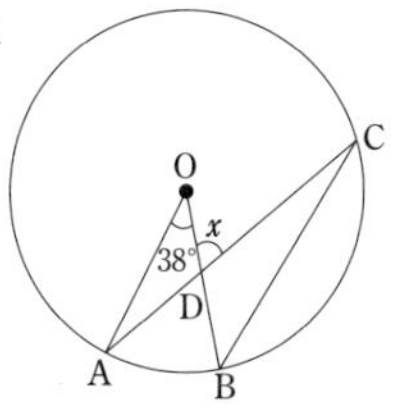

図2

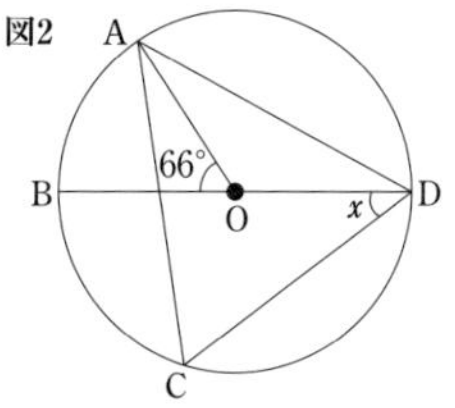

<解き方>

(1) 円周角の定理より、∠ACB＝$\frac{1}{2}$∠AOB＝19°
AO//BCより、錯角は等しいから、∠OAD＝∠ACB＝19°
△OADの内角と外角の関係から、
∠x＝∠OAD＋∠AOD＝19＋38＝**57°**

(2) 円周角の定理より、∠ADB＝$\frac{1}{2}$∠AOB＝33°
また、∠ACD＝$\frac{1}{2}$∠AOD＝$\frac{1}{2}$×(180−66)＝57°
AC＝ADより、∠ADC＝∠ACD＝57°
よって、∠x＝∠ADC−∠ADB＝57−33＝**24°**

続いて、円と相似の問題を見ていきましょう。同じ弧に対する円周角は等しいので、２組の角が等しい相似な三角形が現れます。

問題2

右の図で，点A，B，C，Dは円周上にあり，ACとBDの交点をEとする。次の(1)，(2)に答えなさい。（青森県）

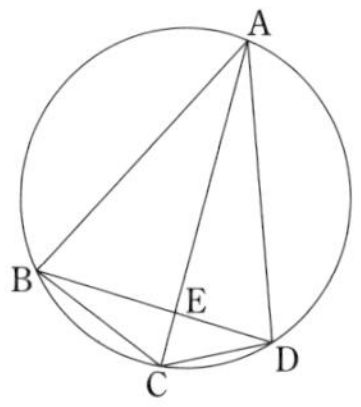

(1) △ABEと△DCEが相似になることを証明しなさい。

(2) AB＝6$\sqrt{5}$cm，CD＝2$\sqrt{5}$cm，BD＝10cm，∠AEB＝90°のとき，DEの長さを求めなさい。

<考え方>

(2) (1)の結果と三平方の定理を組み合わせます。

<解き方>

(1) **〔証明〕△ABE と△DCE において、**

学 校 説 明 会 ・ 個 別 相 談

① 校舎・施設見学　② 全体会開始

11月22日〔日〕 ①14:00　②14:30

11月28日〔土〕 ①14:00　②14:30

●事前のお申し込みは必要ありません。ご自由に参加して下さい。●個別相談は全体会終了後、希望制で行います。
●個別相談は体験入学でも可能です。●上記日程以外を希望される場合は、事前にお問い合わせ下さい。
平日は16時以降、土曜日は午前中、見学が可能です。●上履き、筆記用具をご持参下さい。●お車でのご来校はご遠慮下さい。
●台風等で交通機関に混乱の生じるおそれのある時、中止になる場合があります。前日のホームページでご確認下さい。
http://www.hosho.ac.jp/toshima.htm

特 別 進 学 類 型

国公立大や早慶上理などに現役で合格することを目標においた類型です。6教科8科目の受験に備えるために、3年間を通して、週4日7時間授業が実施されています。1年次では、生徒一人ひとりの個性や適性を見出し、将来どんな職業に就きたいのかをイメージさせながら、学部や学科の選択ができるような指導を行います。2年次では、文系・理系別に授業を展開しています。また、全国模試の結果を踏まえながら、志望大学を選択させ、受験に対する意識を高めさせます。3年次では志望校の受験に備えて科目の選択を行うとともに、教科書は1学期で終了し、夏休み以降は受験演習に時間を費やし、現役合格を目指します。

❙主な進学先❙ 茨城・国立看護・早稲田・上智・東京理科・立教・中央・法政・学習院など

現役合格率 91.4%　大学進学率 88.6%

選 抜 進 学 類 型

GMARCHをはじめとする難関私大に現役で合格することを目標においた類型です。1年次と2年次は、週4日7時間授業の豊富なカリキュラムを設定し、体系的で効果的な学習により学力を養っていきます。2年次理系では、数学の理解度を高めるために、習熟度別授業を行っています。夏休みや冬休みなどの長期休暇中は、有名予備校の先生が教えるスーパー特別講座や集中授業を実施し、志望大学・学部に求められる学力へとつなげます。3年次では、夏休み前に教科書を終了し、それ以降は、難関私大に現役で合格するための実践力を徹底的に身につけていきます。

❙主な進学先❙ 青山学院・法政・学習院・東京薬科・成城・明治学院・國學院・日本女子など

現役合格率 87.0%　大学進学率 81.2%

普 通 進 学 類 型

多彩な進路に応えられるカリキュラムを設定し、部活動や学校行事、生徒会などにも積極的に取り組む生徒を全力でサポートする類型です。1年次では、学び残しのないように丁寧な指導を実施しています。国数英などの主要教科を基礎から徹底的に指導しながら、ポイントごとに、生徒一人ひとりの理解度の確認を行います。2年次からは文系・理系に分かれたクラス編成を行っていきます。系統別に分かれた授業を通して、将来進むべき進路を定着させます。3年次は長期休業中演習講座が実施され、大学受験に対応できる実力をバランスよく養いながら、受験本番に備えます。

❙主な進学先❙ 青山学院・法政・成城・明治学院・國學院・獨協・北里・東京農業など

大学進学希望者の現役合格率 95.4%　大学進学率 92.7%

TOSHIMA GAKUIN

学校法人 豊昭学園

豊島学院高等学校

併設／東京交通短期大学・昭和鉄道高等学校

特別進学類型　選抜進学類型　普通進学類型

〒170-0011 東京都豊島区池袋本町2-10-1 TEL.03-3988-5511（代表）
最寄駅：池袋／JR・西武池袋線・丸ノ内線・有楽町線 徒歩15分 副都心線 C6出口 徒歩12分
北池袋／東武東上線 徒歩7分　板橋区役所前／都営三田線 徒歩15分

http://www.hosho.ac.jp/toshima.htm

英語で話そう！

川村 宏一先生
早稲田アカデミー　教務部中学課
上席専門職

　朝がちょっぴり苦手な中学３年生のサマンサは、父（マイケル）と母（ローズ）、弟（ダニエル）との４人家族。
　ある朝、サマンサは寝坊してしまったようです。ローズが起こしに来ました。

Rose　：Samantha! Wake up! It's past eight o'clock. Didn't you hear your alarm clock ring?
ローズ：サマンサ！　起きなさい！　８時を過ぎたわよ。目覚まし時計が鳴るのが聞こえなかったの？

Samantha：No, Mom. I've turned it off without knowing it. …①・②
サマンサ　：ううん、ママ。知らないうちに止めていたの。

Rose　：Well, hurry up. Breakfast is ready.
ローズ：さあ急いで。朝食はできているわよ。

Samantha：Thanks, but I don't have enough time to eat. …③
サマンサ　：ありがとう。でも食べている時間がないわ。

今回学習するフレーズ

解説①　turn off	「止める、消す」（スイッチなどをひねって） (ex) Please turn off the radio. 「ラジオを消してください」
解説②　without ～ing	「～せずに」 (ex) He went away without saying good-bye. 「彼は、さよならも言わずに出ていった」
解説③　enough	「十分な」 (ex) Thank you, that's enough. 「ありがとう、それで十分です」

構成されています。ですから、文章の内容をとらえることと同時に文章の構成そのものを学習すると、格段に読みやすくなります。

ちなみに、先ほどの文の次にはこんな文章が続きます。First of all, the amount and speed of economic exchange between different nations has increased dramatically. This has created a global economy where trade and finances are ever expanding. Secondly, technological advances in communication.

First of allとは「まず初めに」ということですから、最初の文中のin several ways「いくつかの点」を具体的に説明しているんですね。さらにSecondlyとは「第2に」ということですから、2つ目の具体的説明が続くということがわかります。

加藤：私も授業で言い換え表現、対比表現を導く目印の単語を教えています。これを知っておくと、「ここは言い換えているから前の文と同じ内容だな」「この語が出てきたということは対比だ」というように内容を予測することもできるようになります。

吉田：さすが加藤先生ですね。今回は「世界は次第にいくつかの点で相互依存するようになってきた」⇒「まず初めに…。第2に…。」という抽象から具体という流れだったわけですが、予測の段階においてはさまざまなことが考えられますよ。

世界大戦、民族紛争、領土問題、貿易摩擦、あるいはTPPなども国際関係で扱われる内容ですね。「1970年代以降の国際関係、例えば…」というように言い換え表現が出てきたらその先を予測しながら読んでいけるようにしたいものです。

文法に関する違い①

吉田：ここで文法に関する中学英語と高校英語の違いを紹介していきましょう。加藤先生はなにか高校生に英語を教えるときに注意していることはありますか。

加藤：例えばto不定詞に関してですが、decide＋to＋動詞の原形／want＋to＋動詞の原形／hope＋to＋動詞の原形…のように「動詞の後ろにto不定詞」を取るものがありますよね。

中学英語ではセットで覚えた人も多いはずですが、高校英語ではさらに多くの動詞＋to不定詞を覚えなければなりません。参考書を開くと、20〜30個の「動詞の後ろにto不定詞」の表現が書かれていて、授業などで一覧を提示すると、「これ全部覚えるのですか…」という重たい雰囲気になります。確かに、なんでもかんでも覚えるというのは効率が悪いですよね。私の場合は、to不定詞のtoに着目して考えていきます。

①不定詞のtoはgo to the park（公園へ行く）、turn to the left（左へ曲がる）という「〜へ（向かう）」という意味を持つ単語である。

↓

②このtoに動詞の原形をつけるということは、「〜するという動作へ向かっていく」という未来のことを述べる表現であるという根本的な意味がわかる。

↓

③decideは「決心する」という意味があるが、「決心する」というのは「これから（未来に）やること」に関して「決心する」ということなので、そのうしろに未来のことを述べる表現to不定詞は相性がよい。つまり「(これから) 〜することを決心する」と考える。

吉田：これはわかりやすいですね。暗記ばかりでは確かに大変です。高校ではそれぞれの科目を広く深く学習していきますからね。

文法に関する違い②

吉田：では私は分詞に関して紹介したいと思います。過去分詞という言葉を学習したことはみなさんもあるかと思います。have＋過去分詞で現在完了、be＋過去分詞で受動態（受け身）と覚えている人もいるでしょう。この分詞を私の授業では「分詞は形容詞と同じだ」と考えていきます。次の2つの例文を見てください。

(a) The window is clean.

(b) The window is broken.

(a) のcleanは形容詞としてThe windowがどんな状態かを説明しています。(b) のbrokenは過去分詞と呼ばれ、呼び名こそ異なりますが、働きはThe windowがどんな状態かを説明しており、形容詞と同じ働きをしています。

加藤：なるほど。過去に学習したこととつながっています。新たな文法用語を覚えていくのではなく、過去に学習したものとの共通点を見つけ出し、つなげていくような学習をしていかないと、とても追いつけないですよね。

今回は加藤先生と吉田先生がさまざまな中学英語と高校英語の違いを見てきました。いかがでしたか。単語も多く、内容も難しい。しかし、しっかりと学習に取り組み、正しい解法を身につければ手に負えないということはありません。ぜひ頑張ってください。

高校進学、そのさき

久津輪 直先生

早稲田アカデミー大学受験部
統括副責任者

入試問題研究に裏打ちされた授業計画と、徹底的な教材分析に基づく緻密な授業のみならず、第一志望合格を勝ち取るまでのプロデュース力で多くの生徒を合格へと導いています。

加藤 寛士先生

早稲田アカデミー
Success18
御茶ノ水校校長

未知なることを理解する喜びと英文を読めるようになる楽しさを感じてもらうために心を込めた授業をします。復習をふんだんに盛り込む授業を通して骨太な英語力が身に付くことを保証します。「分かる授業」がここにあります。

吉田 勇輝先生

早稲田アカデミー
Success18たまプラーザ校校長

英語の問題はただ適当に解くものではなく、文法と読解を結びつけ、根拠をもって行なうものであり、そのような解き方なくして難関大学の合格はありえません。「なんとなく英文を読んでいる」「なんとなく文法問題の答えを出している」「英語のなにが分からないのか分からない」そんな方はぜひ吉田の授業に参加してください。

みなさん、こんにちは。早稲田アカデミー大学受験部門Success18の久津輪直といいます。いよいよ高校入試まで2～3カ月という時期になりました。精一杯の努力で、満足のいく高校入試を成し遂げてください。

さて、今回取り上げたいお話は、高校入試が終わり、その先のお話。みなさんにとって希望に満ちた未来のお話です。これから3回の連載で、高校での学習について、英語・数学・理科・社会について大学受験部門の校舎責任者たちに語ってもらいます。第1回は、「英語について」です。

科目名称

加藤 寛士先生（以下、加藤）：中学と高校の英語学習に関して、その中身に触れる前に、まず科目としての増加がありますよね。

吉田 勇輝先生（以下、吉田）：そうですね。中学では「英語」という授業の名称だったものが高校では「英語Ⅰ」のほか、「英語表現Ⅰ」あるいは「オーラル・コミュニケーション」「ライティング」など、細分化されていますね。

加藤：定期試験もその名称のぶんだけあるので大変ですよね。「英語Ⅰ」と「オーラル・コミュニケーション」という2つの科目が授業としてある場合には、2種類の定期試験を受けなければならない。学習指導要領も改訂され、英語の重要性もより高まっています。

単語量

吉田：そうですね。科目数が増加するということは、学習内容も増加するということです。その学習指導要領にも書いてありますが、単語数も中学英語と高校英語では異なります。中学英語で扱う単語数は1200語、高校英語ではさらに1800語（つまり中高合わせて3000語）となっています ね。同じ3年間でも覚える単語数は単純に1.5倍にもなります。

加藤：1200語・1800語という数字が出ましたが、忘れてはいけないことは、これらの単語数は最低ラインであり、難関大学に挑戦するとなれば実際に覚えなければならない単語はもっと多いと言えます。

文章内容と文体

吉田：文章の内容も高校生ですから難しくなるのは当然です。しかも大学では英語の論文を読んだり、ときには英語で発表を行ったりするため、かなりの英語力が必要とされるわけです。例えば、以下の1文を見てください。ある文章の第1文です。

Since the late 1970s, the world has increasingly become interdependent in several ways.

加藤：辞書でわからない単語を引けば訳すのは難しくないですよね。日本語訳は「1970年代後半から、世界は次第にいくつかの点で相互依存するようになってきた」という感じでしょうか。

吉田：その通りです。注目してもらいたいのはその内容です。「1970年代以降の国際関係」を題材にしており、普段あまり考えもしない題材で、難しく感じてしまうのではないでしょうか。

加藤：確かに。「国際関係大好き!!」なんて中学生や高校生にはほとんど出会いません。中学英語で扱われる文章は「物語文」や「会話文」が多く見られると思いますが、高校英語では圧倒的に「論説文（説明文）」が多いですからね。このような書き出しで始まる文章はよく見ますね。

吉田：「論説文」と言うと難しい印象を受けるかと思います。確かに使われている単語は物語文や会話文に比べ難しいかもしれません。

しかし「論説文」では書き手は読み手に対して物事をわかりやすく説明していくため、言い換え表現、対比表現、因果関係などを用いて読み手が理解しやすいように文章が

TEXT BY かずはじめ

数学を子どもたちに、楽しく、わかりやすく、使ってもらえるように日夜研究している。好きな言葉は、"笑う門には福来る"。

初級〜上級までの各問題に生徒たちが答えています。
どの生徒が正しい答えを言っているか当ててみよう。
もちろん、当てずっぽうじゃなく、実際に問題を解いてみてね。

答えは次のページ

3人の女神が口論している。もっとも美しい女神はただ一人であるとする。

アテナ「もっとも美しいのはアフロディテではない」

アフロディテ「もっとも美しいのはヘラではない」

ヘラ「わたしがもっとも美しい」

もっとも美しい女神のみが真実を述べている。それは誰か。

A
答えは・・・
アテナ
ちゃんと読めばわかるわよ。

B
答えは・・・
アフロディテ
真実を述べているのは1人だからね。

C
答えは・・・
ヘラ
自分で言ってるじゃん。

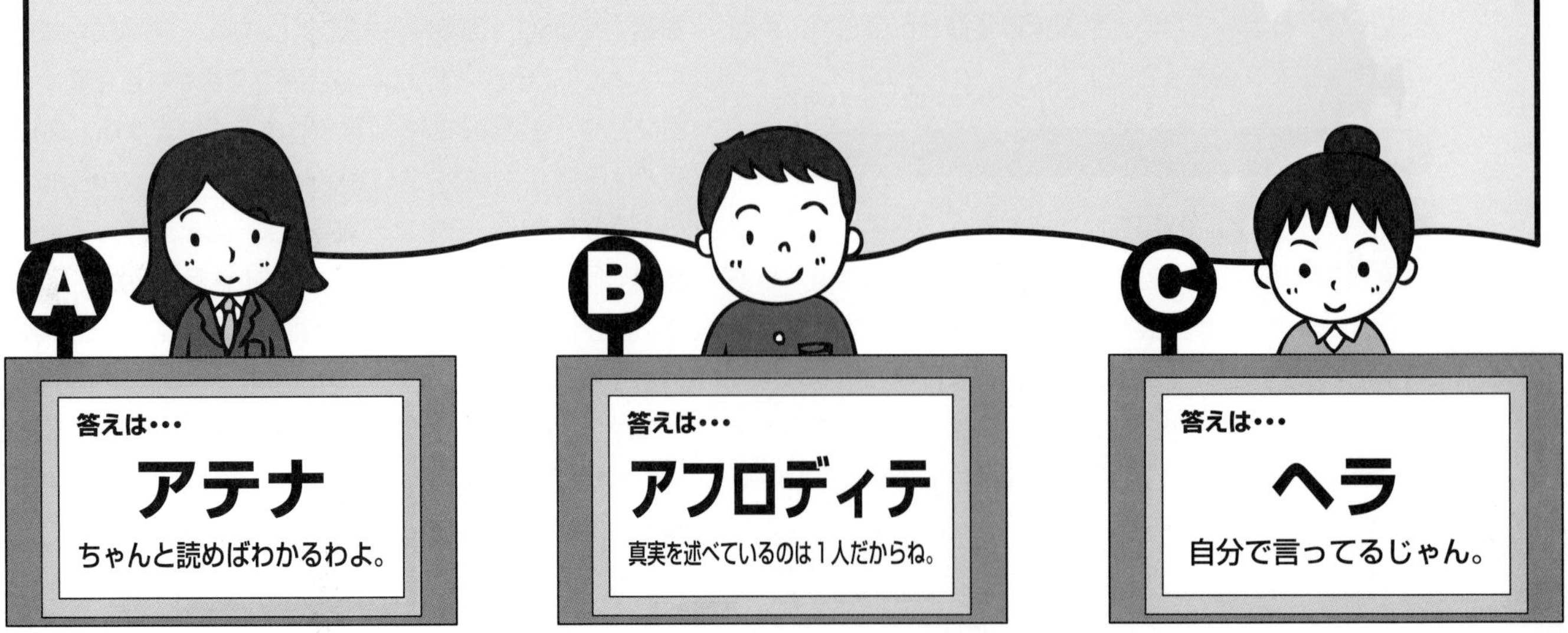

中級

5升の桶と3升の桶があります。この2つを使って4升をはかるには、最低何回桶のなかに油を入れればいいでしょうか。ただし、油は自由にくみ入れたり捨てたりできるとします。

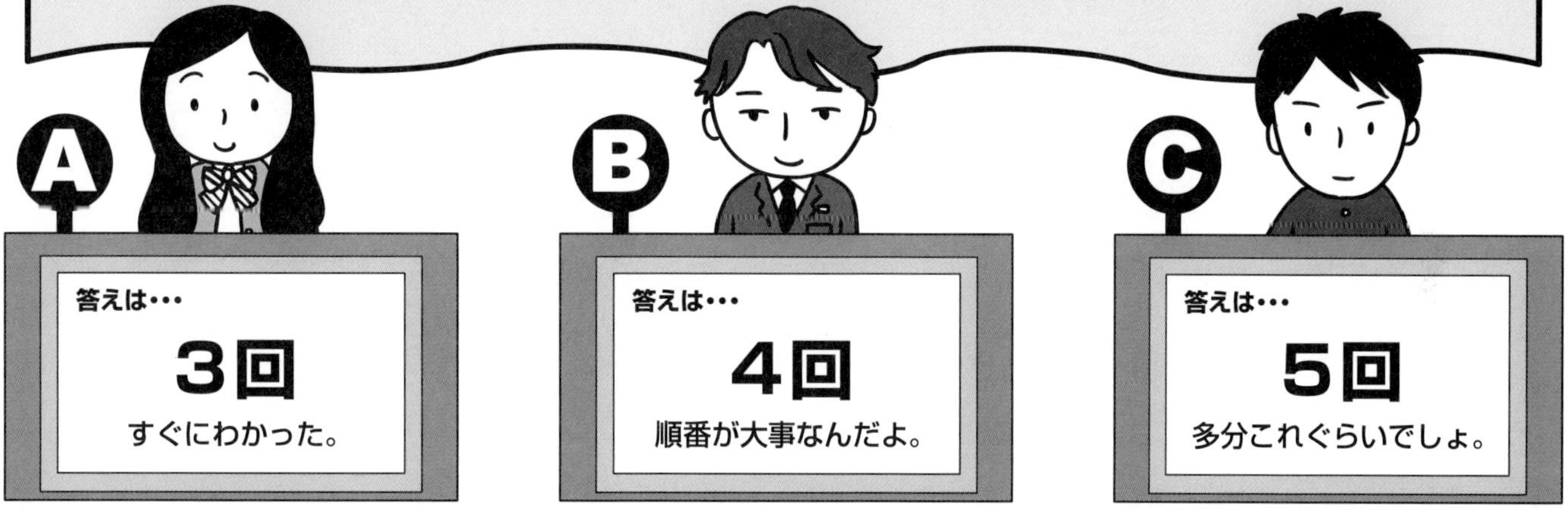
A
答えは・・・
3回
すぐにわかった。
B
答えは・・・
4回
順番が大事なんだよ。
C
答えは・・・
5回
多分これぐらいでしょ。

初級

$x \ll y$ はどういう意味でしょうか。

A
答えは・・・
yがxにとても近い値であることを表している
B
答えは・・・
xにyが近づいていく様子を表している
C
答えは・・・
xがyに比べて非常に小さいことを表している

みんなの数学広場　解答編

上級

正解は B

アテナが真実を述べているとすると、アテナが最も美しい女神になりますが、この時点でアフロディテは真実を述べていないので、ヘラが最も美しい女神になり不適。

アフロディテが真実を述べているとすると、確かに最も美しいのはアフロディテだからヘラではありません。

最後にヘラが真実を述べているとすると、ヘラの発言は正しいですが、アテナの発言は間違いです。このとき、最も美しいのはアフロディテになり、矛盾するので、ヘラは真実を述べてはいないということになります。


この問題は慶應義塾大の数学の入試問題です。

こんな数学が、高校では待っているんです！

A ×

一瞬そう思うのも無理はないね～。

B 正解

C ×

ヘラだけの発言ならそうかもね。

中級

正解は B

まず3升を満杯にして5升桶に入れます。（1回目）
次に3升をまた満杯汲んで5升桶に入れます。（2回目）
すると1升ぶんは入りません。つまり1升ぶんは残ったままです。
次に5升桶の油をすべて捨て、先ほどの1升を5升桶に移します。（3回目）
最後に3升桶を満杯汲んで5升桶に移します。（4回目）
これで4升ぶん完成です。
これは油分算《あぶらわけざん》といい、江戸時代の本、『塵劫《じんこう》記《き》』に掲載されているのです。

A ✕

全然わかってないじゃん！

B 正解

C ✕

ちょっと適当に答えすぎじゃない？

初級

正解は C

$x \ll y$はxがyに比べて非常に小さいことを表している記号です。
つまり、xはyに比べてかなり小さいので、この2つには隔たりがあります。

A ✕

近い値ということではないんだよ。

B ✕

それはまた違う記号なんだよね。

C 正解

国語科の教員とサッカー部の顧問になれるように頑張ります

横浜国立大学

教育人間科学部
学校教育課程1年

大橋《おおはし》 司《つかさ》さん

クラスで受ける楽しい講義

――横浜国立大を志望したのはなぜですか。

「地元の神奈川県で教員として働きたいという夢があり、それをかなえるために一番最適な大学が横浜国立大でした。高校の国語科の教員になって、サッカー部の顧問を務めたいんです。いまも横浜国立大のサッカー部に所属しています。大学卒業後は大学院に進んで、教員の専修免許を取得したいので、高校の先生が横浜国立大の大学院はすばらしいとすすめてくれたことも志望する気持ちをあと押ししてくれました。」

――学部の特徴を教えてください。

「教育人間科学部には、学校教育課程と人間文化課程の2種類があります。学校教育課程は卒業するために小学校の教員免許取得が必須で、1年生ではそのためにさまざまな教科に関する講義を受けています。

2年生からは、心理学などを学ぶ人間形成コース、中・高の教員免許が取得できる教科教育コース、特別支援学校の教員免許が取得できる特別支援教育コースの3つに分かれていきます。私は教科教育コースに進

中高時代の勉強

勉強法を見直す

じつは現役のときは第1志望の横浜国立大に落ちてしまったんです。他大学に通い始めたものの、色々なきっかけがあり、横浜国立大をもう1度めざすことにしたので、まずは勉強法について書いてある本を読んで自己流の勉強法を見直すことにしました。

例えば苦手な数学は、現役時代、何冊もの参考書に手を出してしまいましたが、本の通りに1冊の参考書を何周もしていたら、どんどん点数が伸びていきました。英語の場合は、単語を完璧に覚えれば、長文を読むスピードがぐっとあがり、点数もアップすると書いてあったので実践したところ、本当に9割以上得点できるようになりました。本を読んだことでやるべきことが明確にわかり、合格が近づいた気がします。

大学生活エトセトラ

「よく考えるサッカー」

スポーツ推薦で入学してきた選手が在籍する私立大の強豪校と同じ戦い方をしていても勝てないだろうということで、うちのサッカー部は「よく考えるサッカー」をモットーに、練習と同じくらいミーティングもしっかりやります。夏休みの合宿では、他校と練習試合→試合のビデオを見直す→約3時間のミーティング…と

クラスで受ける体育の講義

夏の合宿を終えた大学のサッカー部のみなさん

みたいと思っています。このコースには国語・数学・英語・音楽…など10の専門領域があり、そのなかから自分が免許を取得したい教科を選択し、その教科について詳しく学んでいきます。

また、大学では珍しくクラス制度があります。1クラスは約20名です。クラス単位で受ける講義も多く、週に1回、クラスで教育問題について話しあう講義もあるので、自然と仲よくなれます。勉強でわからないところを教えあったり、みんなで遊びにいったりもしています。」

――どんなことを学んでいますか。

「小学校で習ったことの復習や、生徒にどのように知識や技術を教えていくのかを学んでいます。

小学校の教員は色々な教科を教えなくてはならないので、幅広い教科を扱いますが、とくに楽しいのは体育の講義です。陸上や球技の回は、走り方やボールの投げ方をどう教えるかを習い、表現運動やマット運動の回は自分たちで動きを確認しながら、教え方のコツをつかんでいきます。ある日の表現運動の回では、先生が突然『音楽をかけるから忍者の動きをしてみて』ということがありました。最初はみんなとまどっていましたが、その後、3分間で忍者が主人公のストーリーを作ることになって、おもしろかったです。クラスで受けるので、和気あいあいとした楽しい雰囲気なのもいいですね。

そして、1年生の後期には『教育実地研究』という横浜国立大附属の小学校に出向いての体験実習があります。ほかの大学では、教育実習を行うまで教育現場を訪れる機会があまりないと思いますが、横浜国立大では早いうちから現場を知る機会があるのが特色です。」

――今後の目標を教えてください。

「国語科の教員になろうと思った理由の1つは、教え方が難しい科目だからです。自分が中高生のときも、先生によって教え方に差があったので、わかりやすく教えられる先生になりたいと思っています。いまはまだ上手な教え方がどういうものなのか具体的にわかっていないですし、自分が教師として教壇に立っている姿も想像できませんが、実地研究などで現場の空気をたくさん吸うことで、教師として働く姿がイメージできるようになりたいです。もちろん、サッカー部の顧問になるために、サッカーに関する専門的な知識もどんどん増やしていきたいです。」

受験生へのメッセージ

いう流れを毎日繰り返していました。その日の反省点をふまえて次の日どうするかなどを話しあうんです。

作戦を成功させるために1人ひとりがやるべきことを考えながら動いているので、何気ない動きに見えても、じつは計算された動きなんです。技術レベルが高くても、チームの考えるサッカーができなければ試合には出られないし、逆にそこまで技術が突出していなくても、チームがめざすサッカーをよく理解していれば試合に出られるのが特殊な点です。

去年は神奈川県大学サッカーリーグで2位になって、関東リーグの入れ替え戦に挑戦しました。入れ替え戦で勝てば関東リーグにあがれたんですが、惜しくも負けてしまったので、今年こそ勝ちあがりたいです。

自分の型を持つ

受験は長丁場なので「自分の型」を持っていると強いと思います。私の場合はどんなに疲れていても、塾の自習室に行っていました。家に帰るとどうしても気がゆるんでしまうので、勉強を頑張れる環境に身をおくようにしたんです。自習室は私語厳禁でブースに分かれていたので集中して勉強できました。苦手な数学の勉強で気分が乗らないときはカフェなどで勉強することもありました。環境を変えると気分も変わりますよ。

開智高等学校

開智高校最大の行事「Contemporary issues」が2016年度入学生より劇的に進化します。

「Contemporary issues」とは、開智生が取り組んでいる探究型学習の1つで、宿泊を伴う「現地研修」を含んだ、約2年間にわたる一大行事の総称です。現在の高校1年生までは、S類の生徒を対象とした行事ですが、みなさんの学年からは全コース（T／S／Dコース）の生徒が取り組む行事となります。今回は特に「現地研修」のプログラムについて紹介します。

A ボストン　コース

グローバルリーダー育成のためのコースです。公式のFuture Global Leaders Program（FGLP）として実施します。

アメリカ合衆国は良くも悪くも世界のリーダーたる国ですが、その「国」の様子を見学することが目的ではありません。その国を支え、発展させている「人」と会い、インターアクティブなコミュニケーションを通して、学び、気づき、思考する姿勢を獲得していきます。

開智生5名に対してハーバード大学生1名が、全行程にわたり、チューターとしてつきます。プレ・スタディで共有しておいた探究テーマについて、現地では議論したり、検証したりしながら、最終日にはハーバード大学の学生や研究者に対して、各自の研修成果を英語でプレゼンテーションします。

求められる思考力、表現力あるいは語学力のレベルは決して低いものではありませんが、その分やりがいのあるプログラムになっています。

B シンガポール　コース

国際的地位を急激に向上させているエリアに行くことで、国家が発展していくプロセスでいったい何が起こっているのかを体感するコースです。

英語を母語としない国民が、なぜこれほど英語を身につけることができているのか、そのノウハウなども体験していきます。また、日本企業も数多く拠点を置くこのエリアで、日本人がどのように働いているのか、また現地の人々とどのように協力し合っているのかなどを調査・見学していきます。

C 広島・関西　コース

素材豊富な2地域での個人研修コースです。全行程を自分でアレンジすることを通して、自分の行動に責任を持つ姿勢を育むとともに、創意工夫する力を高めていきます。

日本が国内で迎える「グローバル化」、すなわち全労働者に占める外国人労働者（将来的には移民）の割合が急激に上昇することが見込まれる時代に、みなさんは各企業の中核世代となります。そのことを意識した上で、特徴的な歴史背景を持つ2つのエリアでの研修を通して、日本人および外国人それぞれの視点で見る日本について考察を深めていきます。

以上3エリアから1つを選択し、参加します。あなたなら、どのエリアで研修をしてみたいですか？　いずれのエリアも魅力的でなかなか1つには決められないかもしれません。

受験勉強で忙しい毎日ですが、ちょっと頭を休めて、「自分は将来どんな仕事をしたいんだろう?」「高校時代にどんな体験をしてみようかな?」など、いろいろ想いを巡らせてみるのも、良い気分転換になるかもしれません。

◆入試説明会（90分）・個別相談会（約15分）

<table>
<tr><th>日　程</th><th colspan="2">入試説明会
（予約不要）</th><th>個別相談会
（要予約）</th></tr>
<tr><td>11月21日(土)</td><td></td><td>13：30〜</td><td rowspan="3">10：00
〜16：30</td></tr>
<tr><td>11月22日(日)</td><td>10：00〜</td><td>13：30〜</td></tr>
<tr><td>12月19日(土)</td><td>10：00〜</td><td></td></tr>
</table>

※個別相談会の申込みはインターネットで9月1日より受付けています。

開智高校の入試は不合格者を出すための入試ではありません。よりよい結果を求めてチャレンジする、その「やる気」に応える入試です。

入試の特色

開智高校の入試は、1月22日、23日、24日の3回行われます。

これらの試験は実施回ごとに判定が行われ、そのなかで最も上位の結果が25日の合格発表日に通知されるというシステムになっています。したがって、受験日による有利不利はありません。一人ひとりの受験生がそれぞれの都合に合う日程で受験することができるようになっています。

また、3回の入試のうちで複数回を受験した場合には、受験した「すべて」の回の3教科総合得点に10点が加点されるという優遇措置を得ることができます。

さらに、すべての回の試験で「スライド判定」が導入されています。「スライド判定」とは、すべての受験生に対して、すべてのコース（T／S／Dコース）の判定を行う制度です。この制度の下では「受験回数が多ければ多いほど有利」になります。スライド判定の利点を最大限利用するためにも、開智高校の受験にあたっては複数回受験がおすすめです。

最後に…。開智高校は単願の受験生をとても大切にする高校です。なぜなら、「開智で学びたい」という志がしっかりしていればしている人ほど、「智」の修得がはやく、しかもハイレベルで獲得していくからです。実際に、学習面では言うまでもなく、行事や部活動においても単願入学生をはじめとした「志の高い」生徒が大活躍しています。

この伝統と歴史を受け継いでくれる「志高き受験生」を開智高校は待っています。

「開智で学べたこと」

2013年度卒　坂田　成美（上尾市立大石中学校卒業）
熊本大学（医学部医学科）在学中

開智は、まさしく人が成長できる「学びの場」です。私は開智で、勉強する力、仲間と団結する力、最後まであきらめない力を学びました。

まず、勉強する力についてです。開智は、進学を目指す学生をとても応援してくれる学校です。一年次から特別講習があり、三年になると、毎日講習が行われます。

次に、仲間と団結する力についてです。私は、生徒会役員をしていました。生徒会では、ほかの役職の仲間と協力して行事を進めたり、生徒の意見を取り入れ、改善したりしました。意見をまとめるのはとても大変でしたが、このときに培った仲間との絆は今でも忘れません。

最後に、諦めない力です。受験の時、私は何度も勉強を諦めそうになりました。しかし先生方、両親、仲間に支えられ、諦めなかったからこそ、いまの自分があると思います。開智で、私は大きく成長しました。開智での学びの可能性は無限大です。

KAICHI

開智高等学校

高等部（共学）

〒339-0004
さいたま市岩槻区徳力西186
TEL 048－794－4599（企画広報室）
http://www.kaichigakuen.ed.jp/
東武アーバンパークライン（東武野田線）
東岩槻駅（大宮より15分）徒歩15分

開智学園名誉学園長　大村　智先生
ノーベル生理学・医学賞　受賞
おめでとうございます。

学校名になっている『開智』は大村先生が名づけられたものであり、そこには先生の教育観が込められています。その教育が実践されているのが、ここ『開智高等学校』なのです。

Bungou Retsuden

古今文豪列伝

第13回

太《だ》宰《ざい》治《おさむ》 Osamu Dazai

太宰治は本名、津島修治。１９０９年（明治42年）、青森県北津軽郡金木村（現五所川原市）で、県下有数の大地主の６男として生まれた。県立青森中学校（現県立青森高等学校）を卒業、旧制弘前高等学校を経て東京大仏文科に入学した。

高校時代に左翼思想に傾き、自らの家柄への悩みから、自殺未遂を起こしたこともあった。東京大では授業にほとんど出ず、夫のある女性と自殺未遂をするなど、自殺願望が強かった。このときは女性が死んで、自分は助かったんだ。

作家の井伏鱒二に師事、大学を除籍になって、短編『列車』を発表、小説家としてスタートを切った。このころ、左翼思想からは転向している。

自殺未遂と転向が太宰を苦しめ、のちの太宰文学に大きな影響を与えたとする意見もある。１９３５年（昭和10年）に『逆行』を発表、第１回の芥川賞候補となったんだけど、落選。太宰の芥川賞への執着は強く、審査員の川端康成に、受賞できるように依頼する手紙まで書いている。

その後、新聞社を受験して失敗し、またもや自殺未遂事件を起こすんだ。さらに内縁の女性と自殺未遂事件を起こしたり、睡眠薬中毒がひどくなって治療を受けたりと、かなり乱れた生活を続けていて、文壇でも問題になったほどだった。

１９３９年（昭和14年）には結婚して、東京・三鷹に落ち着き、『富嶽百景』『走れメロス』『新ハムレット』などの優れた作品を発表、穏やかな生活を送った。

太平洋戦争中は、郷土紀行の『津軽』を執筆、戦後は『ヴィヨンの妻』『斜陽《しゃよう》』『人間失格』など、太宰の代表作となる作品を相次いで世に出した。とくに没落華族の悲哀を描いた『斜陽』は評判になり、「斜陽族」という流行語を生み出すことにもなった。

創作に意欲をみせているようにみえたが、生活は荒れ始め、１９４８年（昭和23年）６月13日、別の女性と三鷹の玉川上水で入水自殺をして39年の人生に幕を下ろしたんだ。

太宰の命日は、死の直前に書いた短編『桜桃《おうとう》』から「桜桃忌」と名付けられ、毎年、６月13日には墓のある三鷹の禅林寺に多くの太宰ファンが集まるんだ。また、新人を対象とした太宰治賞が１９６４年（昭和39年）、筑摩書房によって創設された。

今月の名作　～太宰治 『走れメロス』～

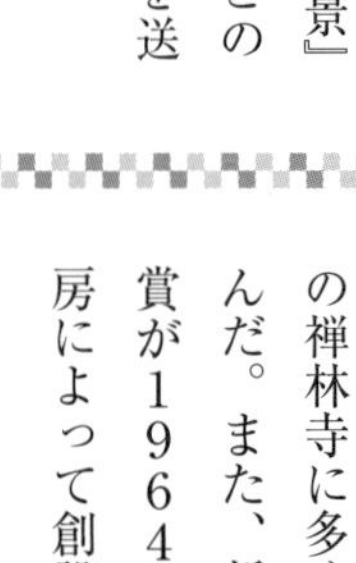

『走れメロス』
400円+税
新潮文庫

王に処刑されることになったメロスは、妹の結婚式まで処刑を延期してもらうため、友人に人質になってもらう。結婚式を終え、王のもとに帰ろうとするが、さまざまな困難が待ち受ける。友情と信頼をテーマにした短編小説。

あれも日本語 これも日本語

「冬」にちなむ四字熟語

今回は「冬」に関連する漢字の入った四字熟語についてみてみよう。

まずは「春夏秋冬」。季節の到来順に四季を並べたものだ。

四季を色、方角、動物に例えると、春は青で東で竜だ。夏は赤で南で鳥、秋は白で西で虎、冬は黒で北で亀だよ。「青春」とか「白秋」はここから出た言葉だ。

「冬虫《とうちゅう》夏草《かそう》」。本来は、土のなかに住むクモや昆虫に寄生する菌類。冬は虫の姿だが、夏には菌が発芽して植物のような姿になるため、こう呼ばれる。現代ではガに寄生する一種の菌類をさすことが多く、漢方薬の1つとしても珍重されている。梨木香歩の小説の題名にもあるね。

「一陽来復《いちようらいふく》」。12月末の冬至に向かって、昼はどんどん短くなっていくよね。それが冬至を境に、再び昼の時間が長くなり始める。そのことを言うんだ。太陽が再びやって来るという意味だね。

そこから転じて、冬が終わり、春が来ること、さらには悪いことが続いていたけど、それが済んで、物事がよい方向に向かうときにも使う。「経済もようやく好転して、一陽来復です」なんて使う。かつては家の門に「一陽来復」と書かれた紙が貼ってあったりした。

「冬《とう》夏《か》青青《せいせい》」は中国の古典から出た言葉で、マツのような常緑樹は冬も夏も青青としているところから、節操が堅く、つねに変わらないことをいうんだ。最近はあまり使わないね。

「三寒四温」は天気予報などでよく聞くよね。3日ほど寒い日が続いたあと、4日ほど温かい日が続く。この1週間のサイクルが繰り返されることをいうんだ。元来は中国東北部や朝鮮半島の気象で、中国発祥の言葉だけど、日本でも春先に同じような気象がみられる。「三寒四温」が過ぎると、一気に春になる。

「夏炉《かろ》冬扇《とうせん》」も中国の古典から出た言葉で、夏の火鉢、冬の扇、ということ。夏の火鉢、冬の扇なんていらないよね。そこから、時期に合わないなんの役にも立たないものの例えとして使われる。

かつて俳聖の松尾芭蕉は「私の俳句などは夏炉冬扇のようなものだ」と謙遜したと伝えられている。

ミステリーハンターQの
歴男歴女養成講座
ミステリーハンターQ
(略してMQ)
米テキサス州出身。某有名エジプト学者の弟子。1980年代より気鋭の考古学者として注目されつつあるが本名はだれも知らない。日本の歴史について探る画期的な著書『歴史を堀る』の発刊準備を進めている。
春日 静
中学1年生。カバンのなかにはつねに、読みかけの歴史小説が入っている根っからの歴女。あこがれは坂本龍馬。特技は年号の暗記のための語呂合わせを作ること。好きな芸能人は福山雅治。
山本 勇
中学3年生。幼稚園のころにテレビの大河ドラマを見て、歴史にはまる。将来は大河ドラマに出たいと思っている。あこがれは織田信長。最近のマイブームは仏像鑑賞。好きな芸能人はみうらじゅん。

屯田兵

1874～1904年まで実施された屯田兵《とんでんへい》制度。開墾と警備を引き受け、北海道の開発に大きく貢献した。

静 明治時代には、北海道で開拓をしながら警備もする屯田兵という制度があったのね。

MQ 屯田兵は、農民であり兵士であるという、近代では珍しい存在だよ。士族授産の方策として始められたけど、各地で希望者が殺到したんだ。

勇 どうしてそんな制度ができたの？

MQ 明治維新によって、全国の武士は失業し、生活に困窮するようになった。一方で、北海道は手つかずで、開拓する必要に迫られていた。そこで、生活に困窮している士族を募集して、開拓させるとともに、北海道の治安維持、さらには有事の際には兵士として活用することになったんだ。

静 一石二鳥じゃなくて三鳥って感じね。

MQ 屯田兵は、のちに北海道開拓使長官となる黒田清隆が提唱して、1874年（明治7年）にスタートしたんだ。

勇 屯田兵はどんな生活をしてたの？

MQ 応募して採用された者は家族を連れて入植し、あらかじめ用意された家に住み、与えられた未開拓の土地を開拓していった。札幌近郊の石狩地方から始め、最終的には北海道のほぼ全域に入植していったんだ。

静 規模としてどのくらいになったの？

MQ 神奈川、宮崎、沖縄の3県を除く全国から約4万人が入植し、37の村を作り、約7万5000haの土地を開拓したとされる。

勇 兵士としての訓練もしていたの？

MQ 村は兵村と呼ばれ、練兵場や射撃場があり、必要に応じて訓練が行われた。農地だけではなく、道路や水路の工事も行ったんだ。

静 実際に戦争に行くこともあったの？

MQ 1877年（明治10年）に勃《ぼっ》発《ぱっ》した西南戦争には、ほとんどの屯田兵が参加したし、1894年（明治27年）に始まった日清戦争では、屯田兵を中心とした部隊が編成されて東京にまで移動したけど、講和条約交渉が始まって、戦闘には参加しなかった。だけど、日露戦争では実際の戦闘に参加して多くの戦死者を出した。

日露戦争が始まった1904年（明治37年）には、その役割を果たしたとして制度は廃止されたんだ。

サクニュー！ニュースを入手しろ!!

SUCCESS News

産経新聞編集委員 大野敏明

今月のキーワード

マイナンバー運用開始

赤ちゃんからお年寄りまで、国民１人ひとりに12ケタの番号をつけるマイナンバー制度が2016年（平成28年）１月から運用されることに伴って、この10月から個人に番号が通知されました。

マイナンバー制度は国や都道府県、市区町村などの自治体が管理する個人情報を、共通の個人番号（マイナンバー）によって一元的に管理し、効率的に運用するとともに、個人の情報を正確に把握することが目的です。

国民は健康保険番号、介護保険番号、年金番号など、さまざまな番号を持っています。現在はそれらがバラバラに運用され、時間や手間の観点から、効率性が問題になっています。また、年金や納税などでも、架空名義口座や二重帳簿などで、年金の不正受給や脱税などが防ぎにくいとの指摘もあります。

海外ではアメリカ、ドイツ、フランス、イタリア、シンガポールなど多くの国で実施されており、先進国で実施されていないのは日本ぐらいでした。

マイナンバーが届いたら、希望する人は通知カードに同封してある「交付申請書」に必要事項を記入し、顔写真を同封して郵送かホームページから申請することができます。申請すると、顔写真付きのＩＣカードが交付されます。

2016年（平成28年）１月からは、マイナンバーカードがないと、税や社会保障、災害対策などの行政手続きができなくなります。

しかし、問題もあります。例えば、情報の漏洩に伴う個人情報の流出です。１つの番号に多くの情報が入っているわけですから、漏洩したら大きな影響があります。また、サイバー攻撃などで、情報を管理しているシステムに障害が起こると、制度そのものが運用できなくなり、社会不安を引き起こす可能性もあります。

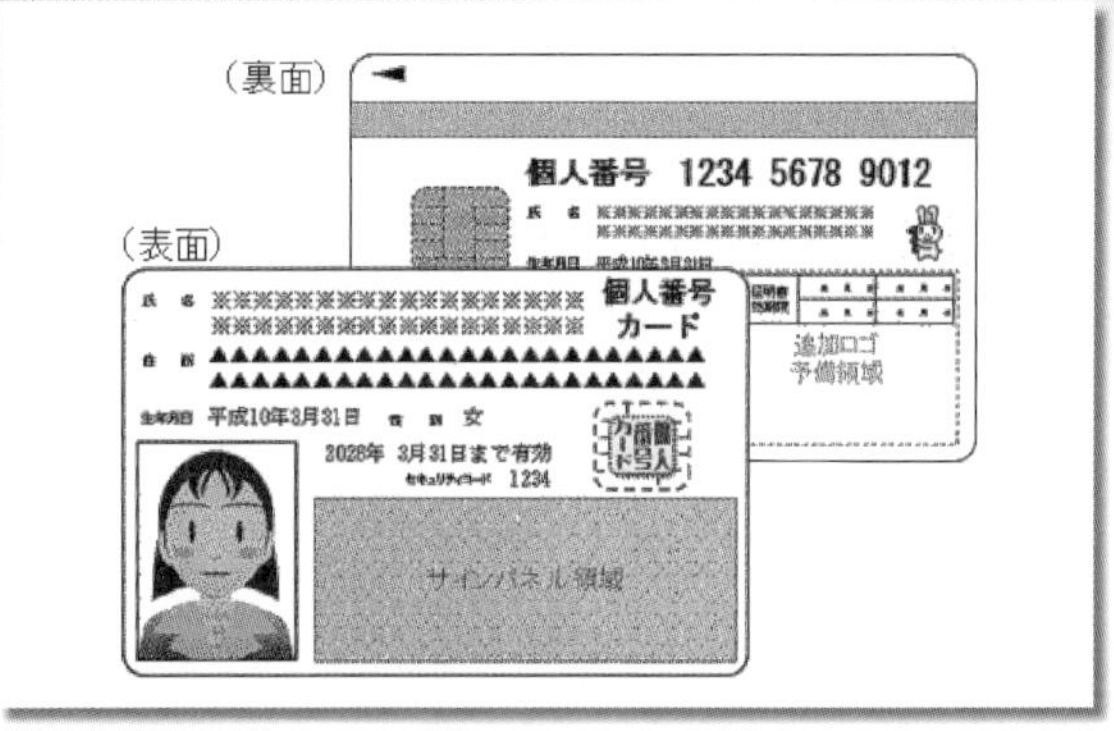

↑PHOTO
マイナンバーカードの見本。裏面の中央左にはICチップが埋め込まれ、個人情報が記憶されている。

こうしたことから、政府は担当する職員の守秘義務を徹底したり、違反者には厳罰を科すなどの対策をとることにしています。また、システムの防御にも力を入れることにしていますが、不安が完全に解消されたわけではありません。

当面は税、社会保障、災害対策の分野に限っての運用ですが、将来的はあらゆる情報の一元化をめざしています。

また、民間でも、身分証明書としてはもちろん、給与、待遇、預貯金、証券、債券の購入、売却などさまざまな分野での応用が考えられています。

サクセスシネマ
SUCCESS CINEMA vol.70

映画でメリークリスマス！

Disney's クリスマス・キャロル

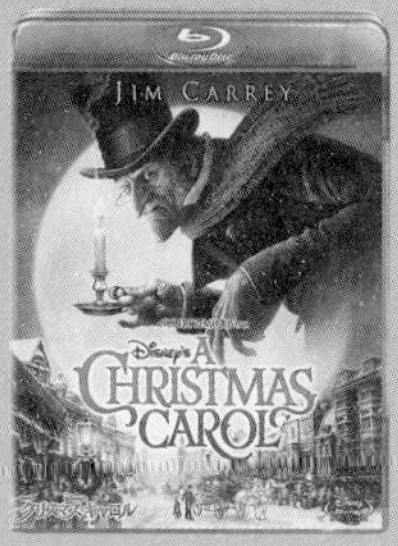

2009年／アメリカ
監督：ロバート・ゼメキス

『Disney's クリスマス・キャロル』
Blu-ray発売中
2,381円＋税
発売元：ウォルト・ディズニー・ジャパン

自分を見つめ直す時間旅行

原作は、文豪チャールズ・ディケンズの小説『クリスマス・キャロル』。主人公の男性が、クリスマスイブの夜に過去や未来を旅するファンタジーアニメです。

無慈悲で金儲けばかりの人生を送ってきたスクルージ。クリスマスイブをだれかと祝うわけでもなく、1人ぼっちで過ごしていました。そんな彼の前に精霊が現れます。精霊はスクルージを過去、現在、未来を巡る時間旅行へと導くのです。

まだスクルージに笑顔があったころの青年期、お金がすべての冷酷な現在の姿、そして悲しい未来…。そんな自分を見てスクルージが感じたことはいったいなんだったのでしょう。

過去は変えられないけれども、未来を変えることはできる。幸せな未来のためにいま自分がどうするべきか、そんなメッセージが伝わってくる作品です。

CGを駆使した精霊との時間旅行のシーンは美しく、映像に引き込まれます。そして、注目したいのは、主人公・スクルージの声を担当するジム・キャリー。過去、現在、未来、1人7役を演じ分ける演技力は圧巻です！

すべては君に逢えたから

2013年／日本
監督：本木克英

『すべては君に逢えたから』
Blu-ray発売中
1,714円＋税
発売元：ワーナーホームビデオ

東京駅100周年を祝うオムニバス

本作は2014年の東京駅開業100周年を記念して制作されました。6つのストーリーで構成されるオムニバス映画です。

クリスマスが近づき、街はせわしない雰囲気に包まれています。片思いの先輩に告白できずにいる女の子、昔の失恋を引きずる女性、余命3カ月を宣告され家族と最後のクリスマスを迎えようとする男性、売れない役者と出会ったIT会社の社長、遠距離恋愛中のカップル、親のいない児童施設の女の子。年齢も状況もまったく異なる彼らのストーリーが少しずつどこかでつながっています。

共通するのは、家族愛や恋人たちの愛など、さまざまな愛の形が描かれていること。どの物語も温かい気持ちになれるので寒い季節にピッタリです。

東京駅は待ち合わせ場所や思い出の場所として出てきます。毎日多くの人々が行き交うそのなかで、大切な1人の人と出会えることは奇跡なのだと感じられる作品です。クリスマスを彩る東京駅のイルミネーションも美しく、感動がより深く心に刻み込まれるでしょう。大切な人といっしょにぜひ見てください。

サンタクローズ

1994年／アメリカ
監督：ジョン・パスキン

『サンタクローズ』
DVD発売中
1,800円＋税
発売元：ウォルト・ディズニー・ジャパン

普通の男性がサンタに!?

クリスマス、子どもたちにプレゼントを配るサンタクロース。太っていて、白いヒゲが生えたおじいさんのイメージがありませんか。でも、この映画では、意外な人物がサンタになるんです。

スコットはごく普通の男性。クリスマスイブの夜、スコットの自宅の屋根から男が落ちてきます。その男はなんとサンタ!?　そこから不思議なことが起こります。なんとこの日を境に、スコットの体格がよくなり白いあごひげが生え、まるでサンタのようになっていくのです。なぜこんなことになったのでしょう。

もしあなたの前に、いきなりサンタのような人が現れたらどうしますか。おかしな人がいると思うか、純粋にサンタだと喜ぶか。スコットの周りの子どもたちは目をキラキラさせてスコットを見ます。サンタを信じる子どもたちの純粋な眼差しが幸せな気持ちにさせてくれる作品。映画には、サンタ以外にもおもちゃを作る妖精が出てきたりと、夢がいっぱい！　今年のクリスマス、もしかしたら自分の前にもサンタが現れるかも、そんな楽しい気分になれます。

学校説明会　生徒・保護者対象

11月21日（土）9:00～都内生対象　13:00～都外生対象

個別相談会　生徒・保護者対象

11月21日（土）10:30～都内生対象　14:30～都外生対象
11月28日（土）14:00～都内・都外生対象

予約制個別相談会

12月26日（土）9:00～12:00 都内・都外生対象
＊予約制で実施（専用はがき）　＊予約締切は12月21日

公開学校行事　王子キャンパス本館

●S・Eクラス発表会 予約制 **11月28日**（土）13:00～

平成28年度 生徒募集概要

入試区分	推薦入試		一般入試
	推薦Ⅰ・Ⅱ	推薦Ⅲ	一　般 ＊併願優遇制度あり
試験日	1/22（金）	1/25（月）	2/10（水）または2/11（木）
募集定員	65名 特進選抜　30名 ＊S（サイエンス）クラスを含む 英語選抜　15名 特　　進　20名		65名 特進選抜　30名 ＊S（サイエンス）クラスを含む 英語選抜　15名 特　　進　20名
受験科目	適性検査（国・数・英） 面接		学力試験（国・数・英） 面接
募集コース	特進選抜類型・英語選抜類型・特進類型		
合格発表	1/23（土）	1/26（火）	2/12（金）

（推薦入試 Ⅰ　本校第1志望）
（推薦入試Ⅱ・Ⅲ 本校併願者 ＊埼玉・千葉公立中学生のみ対象）

順天高等学校

王子キャンパス（京浜東北線・南北線 王子駅・徒歩3分）
東京都北区王子本町1-17-13　TEL.03-3908-2966
新田キャンパス（体育館・武道館・研修館・メモリアルホール・グラウンド）
http://www.junten.ed.jp/

インターネット上に広がる世界とどうつながるか

『雲をつかむ少女』
著／藤野 恵美
価格／1400円＋税
刊行／講談社

今月の1冊 『雲をつかむ少女』

いまや中学生でも、どちらかといえば携帯電話、とくにスマートフォン（スマホ）を持っている人の方が多いのではないだろうか。

スマホはとても便利で、これ1つで電話、メールはもちろん、ゲームをしたり、SNS（ソーシャル・ネットワーキング・サービス）を使ったりと、ひと昔前からは想像できないぐらいにたくさんのことができるよね。

今回紹介する小説『雲をつかむ少女』にも、スマホを便利に使う小中学生が何人も登場する。

第1話の主人公・中学2年生の結衣は、グループだけでやりとりができるSNSで、仲のいい友だちと1日中話をしたり、かわいい動物の動画を紹介しあったりするのに夢中だ。閉じられた空間で、いつでも決まった人とだけつながっていられる気がするのは楽しいことだけど、その「いつでも」に結衣はだんだん疲れてきてしまう。

その結衣のクラスメイト・楓は、周りの生徒たちから浮いている。協調性がないと言われるが気にしない。彼女は結衣たちのように仲間うちだけで閉じこもるのではなく、もっと広い世界を見るために、スマホでインターネットを使って色々な情報を集めている。

楓は、そうした情報に対する意見をSNS上で発信しているが、あまり反応はない。そんなときになんと結衣からSNSを通してメッセージがあり…。

本書は全部で8話あり、すべて主人公が違う。しかし、それぞれの主人公たちがインターネットの世界を通して順番につながっていて、その様子はどこかおとぎ話のようでもあり、いまならばありえそうにも思える。

すべての話に共通しているのが、スマホやインターネットは使い方次第で、自分や周りの人にいい影響も悪い影響も与える可能性があるということ。

当たり前のようにスマホがある世の中になったからこそ、それに対する接し方は色々あるということを、この本を読んで楽しみながら考えてみるのもいいかもしれないね。

なんとなく得した気分になる話

生徒　先生

身の回りにある、知っていると
勉強の役に立つかもしれない知識をお届け!!

「カレー」の由来は？

今日の給食はカレーだったね。あれは食欲をそそるなあ。

うん。給食のカレーはおいしいよね。

今日は珍しく意見が合う（笑）。

カレーってインドが発祥なんでしょ？

インドの伝統料理だったね。ここで問題！　日本でカレーを紹介したのはだれ？

インドの宣教師とか？

なかなかいい読み…と言いたいが、じつは福沢諭吉なんだ。

福沢諭吉？　慶應義塾大の創始者の？

キミ、よくそこまで知ってるね。

一応、受験生だからさ…。

こりゃ失礼！　そう、福沢諭吉が『増訂華英通語』にCurry…コルリと紹介しているんだ。

コルリ…なんか、チョコレートが入ってるパンみたいだね。

それはコロネだ。

そう、それそれ。コロネに似てるね。

言葉は確かに似てるけど。まあ、今日は似ていることにしよう。せっかく、カレーで同じ意見だったし（笑）。

なんか、またカレーが食べたくなってきた。

先生もだ。そこで質問。カレーに必要なものといえば？

ごはん！

確かに！　これで、カレーライスになるな。このカレーライスを紹介したのは？

福沢諭吉じゃないの？

それがだ、どうも、「カレーライス」として日本にレシピが紹介されたのは、『西洋料理指南』という書物らしい。そのレシピには、なんと鶏肉以外にカエルの肉も入っていたというから驚きだよ。

カエル？

そう、これは、おそらく、カレーがインドからイギリスへ伝わって、そこから日本に伝わったからなんだと思うんだ。インドは昔、イギリスの植民地だったから、いわゆる西洋料理のレシピが入ったわけ。伝統的なフランス料理にはカエルの料理があるからね。

カエルなんて食べたことないや。

確かに日本ではカエルの肉はポピュラーではないなあ。

じゃ、いまのカレーはちょっと違うんだね。

そう、かなり違うかも。インドのカレーはスープカレーが多いんだ。でも、普段、給食で食べるカレーとかは、ジャガイモが溶けてトロトロだよね。ここまで来ると「日本のカレーライス」というくくりになる。

日本のカレーライス？

そう。日本のカレーライスなんだ。

ジャガイモ、ニンジン、玉ネギ、角切り肉が入ったやつだよね。

そうだ。これぞ、日本のカレーライス、と言いたいところだが…。

違うの？

最近はご当地カレーがはやっていてね。

ご当地って、その地域の？

人気どころでは、広島の牡蠣《かき》カレーとか宮城の牛タンカレーとかだね。

先生！　牡蠣カレー食べたくない？

いいね。

じゃあ、広島へ行こう！

ご当地カレーはレトルト製品が多いから。近くのスーパーで買えるよ。

ここは、同じ意見にならないんだ（涙）。

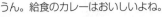

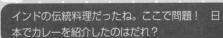

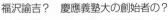

高校受験 ここが知りたい Q&A

Q 話すのが苦手なので入試の面接が心配です。

Question

ぼくは口下手で話をするのが得意ではありません。それなのに、行きたい学校の入試に面接があるので、志望校を変えた方がいいのではないかと悩んでいます。なにか面接の対策はあるのでしょうか。

（杉並区・中３・ＫＴ）

A 質問に対する答えを事前に整理しておき自然体で臨めば大丈夫です。

Answer

結論から言うと、心配はまったく不要です。高校入試において面接を実施する学校は、入学前に受験生と先生が実際に顔を合わせて話をすることを最大の目的としています。こう答えなければいけないという決まりがあったり、敬語表現が不十分であるからといってマイナスの評価をされるわけではありません。面接での応答を点数化して合否が判断されることはほとんどないので、面接で問われたことについて自分なりに話ができればそれで十分なのです。

面接でよく問われるのは、「入学したらなにがしたいか」「その学校を志望した理由」「中学校生活で一番思い出に残っていること」「どんな本を読んでいるか」「クラブ活動ではどんなことをしてきたか」といったごく普通の内容です。このような典型的な質問については、事前に自分の頭のなかで、どう答えるか整理しておくといいと思います。面接官の先生もあなたのことを「入学したらいっしょに勉強する生徒」という意識で話してくれますから、難しく考えすぎることなく、自分の思いを素直に話せば大丈夫です。

わからないことは「わかりません」と答えてもかまいませんので、あまり固くならずに自然体で臨みましょう。緊張しないようにと言っても難しいかもしれませんが、きちんと面接官の先生の目を見て、誠実な回答を心がけてください。

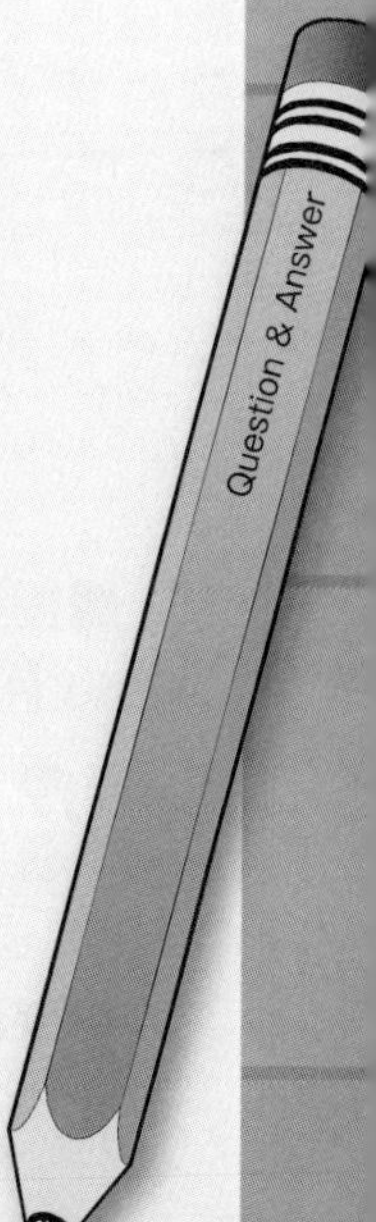

日本橋・開智教育グループ

日本橋女学館高等学校【女子】

夢の実現を目指す多彩なコース編成

開智学園との教育提携により、大きくバージョンアップした日本橋女学館高等学校。その教育内容の大きな特徴の一つが、生徒一人ひとりの様々な夢の実現に向けて用意されている多彩なコース編成です。どんなコースがあるのか、それぞれのコースではどのような授業が展開されているのか、その内容を探ってみます。

日本橋女学館高等学校には3つのコースがあります。

目指すは国公立大・早慶上理の現役合格！「難関進学コース」

まず、国公立大・早慶上理などの最難関大学の現役合格を目指す「難関進学コース」です。

1年次は高校の基礎学習をたっぷりと行い、高3の一学期までに高校課程の範囲を修了します。高3の夏休みからはセンター試験対策と、最難関大学へ向けた入試対策を開始します。授業と講習、2年次からのAfter session（放課後講習）で、学習したことを繰り返し学びますので、学力が確実に定着します。

1年次は高校からの入学者のみで30人以下の少人数クラスが編成され、きめ細かな学習指導を行います。2年次からは文系・理系に分かれ、更に国公立文系型・国公立理系型・早慶上理文系型・早慶上理理系型の4つのカリキュラムが編成されます。あらゆる面で、最難関大学現役合格のためのサポートシステムが整っています。

GMARCH・日東駒専・有名女子大を目指す「総合進学コース」

じっくりと時間をかけ、確かな学力定着を図り、GMARCH・日東駒専・有名女子大など難関大学合格を目指すのが「総合進学クラス」です。

すべての教科をしっかり学び、基礎力を徹底して養います。After session（放課後講習）では、できない教科やわからない内容について、教師が丁寧に教えます。

2年次からは、志望大学に合わせ、私

《学校説明会日程》

■授業体験会＆学校説明会

11月21日（土）　14：00〜

●アクティブラーニング授業を体験してください！

●芸術進学コース授業体験（演劇・美術）も同時実施。

■学校説明会＆進学個別相談会

12月５日（土）14：00〜

※上記以外の見学、進学個別相談はお電話で承ります。
参加予約・詳細な内容等は、ホームページでご確認ください。

立文系型・私立理系型のカリキュラムが編成されます。自分の志望する大学に合わせた教科・科目選択ができ、必要な科目を重点的に学びます。3年次の一学期までに高校課程の範囲を修了し、夏休みからはセンター試験対策や志望大学対策講座など、入試直前まで授業と講習で完璧な受験勉強が可能です。

プロに学び演劇・美術系進学を目指す「芸術進学コース」

最後にご紹介するのが「芸術進学コース」です。「演劇系列」「美術・デザイン系列」の2つに分かれ、それぞれ多彩な専門分野の理論と実技を学ぶ授業に加え、大学進学に対応するカリキュラムもしっかり組まれています。

また、このコースの特徴は、各系列の講師の多くが自らもそれぞれの分野で実際に活躍している「プロフェッショナル」であるということです。宝塚歌劇団出身の先生、テレビで活躍しているアイドルにダンスを教えている先生、画家やデザイナーとして活躍している先生など、豪華な講師陣から、実践的な指導を受けることができます。

探究心をもって自ら学べる生徒へ

以上ご紹介したように、多彩なコース編成で生徒それぞれの夢の実現をサポートしてくれる日本橋女学館高等学校ですが、すべてのコースに共通する教育理念があるそうです。説明してくださったのは副校長の宗像諭先生です。

「まず、少人数授業で、確実に学力や専門分野の技術を大きく伸ばす、ということです。どのクラスも30名前後で編成され、教師と生徒が近い距離で一体となって授業や行事、学校生活を創り上げます。1年次から学習の基礎をしっかり学び、授業以外の補習やAfter session（放課後講習）もありますので、じっくり時間をかけて学ぶことができます。そして、生徒の自主活動を尊重するということです。学校生活や行事など、生徒会が中心となって創り上げていますが、これにより、自主性が育ち、連帯感が生まれ、さらに企画力や運営力が養われます。以上を通じて、『探究心をもって自ら学べる生徒を育てる』、これが各コース共通の教育理念です。」

入試への第一歩は説明会・授業体験への参加

さて、気になる入試情報ですが、日程等は別表の通りです。入試について、広報室長の高宮実康先生は、こう話してくださいました。

「入試に向けての第一歩は、やはり実際に学校に足を運ぶことですね。特にこれから開催される説明会では、入試情報に重点を置いてお話します。パンフレットやホームページだけではわからない情報も多くありますので、ぜひご参加ください。説明会に来たら必ずやってほしいのが個別相談です。説明会はどうしても全体的な話になりますので、細かい部分で疑問に思ったこと、知りたいこと、自分の合格の可能性など、どんな小さなことでも構わないので、相談してください」

そして最後に高宮先生はこう付け加えてくださいました。

「授業体験会にもぜひ参加してください。実際にどのような授業が行われるのかがわかりますし、入試情報も教えてくれるかもしれませんよ。特に芸術進学コースの体験授業では、入試の実技試験のアドバイスをしてくれるので、おススメです。」

多彩なコース編成でしっかり学べる日本橋女学館高等学校。ぜひ説明会に参加してみてください。

日本橋女学館高等学校

http://www.njk.ed.jp

〒103-8384
東京都中央区日本橋馬喰町2-7-6
TEL 03-3662-2507

〈アクセス〉
ＪＲ総武線・都営浅草線「浅草橋駅」徒歩３分
ＪＲ総武快速線「馬喰町駅」徒歩５分
都営新宿線「馬喰横山駅」徒歩７分

■ **2016年度　募集要項（抜粋）**

	単願推薦	併願推薦（東京・神奈川以外の受験生）	併願優遇（東京・神奈川の受験生）	一般①	一般②
募集定員	５０名		５０名		
入試日程	１月２２日（金）			２月１０日（水）	２月１２日（金）
試験科目	●調査書・推薦書 ●適性検査（国・数・英） ●面接		●調査書 ●適性検査（国･数･英） ●面接	●調査書 ●筆記試験（国・数・英） ●面接	
	※芸術進学コース美術系列は適性検査に代えて実技試験			※芸術進学コースの美術系列は筆記試験に加えて実技試験あり	

※【特待生制度】中学校での評定、入試の成績により「特待生」（奨学生）に認定します。

Success Ranking

全国学力・学習状況調査 国語A・Bランキング

毎年、中３生を対象に実施される全国学力・学習状況調査。そのなかの国語Ａ・Ｂの正答数の都道府県別ランキング（公立中）を紹介するよ。Ａはおもに知識に関する問題、Ｂは活用に関する問題だ。どちらも秋田県が１位に輝いている。すごいね。

国語A

順位	都道府県	平均正答数／問題数
1	**秋田県**	**26.7／33**
2	福井県	26.2／33
3	富山県	25.8／33
3	石川県	25.8／33
5	東京都	25.5／33
6	兵庫県	25.4／33
6	群馬県	25.4／33
6	愛媛県	25.4／33
6	鳥取県	25.4／33
10	山形県	25.3／33
10	京都府	25.3／33
12	広島県	25.2／33
12	茨城県	25.2／33
12	岐阜県	25.2／33
12	愛知県	25.2／33
12	山口県	25.2／33
12	静岡県	25.2／33
12	長野県	25.2／33
12	奈良県	25.2／33
20	千葉県	25.1／33
20	神奈川県	25.1／33
37	埼玉県	24.7／33

国語A　全国平均	25.0／33

国語B

順位	都道府県	平均正答数／問題数
1	**秋田県**	**6.4／9**
2	福井県	6.3／9
3	石川県	6.2／9
4	岐阜県	6.1／9
4	富山県	6.1／9
4	静岡県	6.1／9
4	茨城県	6.1／9
4	群馬県	6.1／9
9	東京都	6.0／9
9	広島県	6.0／9
9	愛媛県	6.0／9
9	京都府	6.0／9
9	神奈川県	6.0／9
9	山形県	6.0／9
9	愛知県	6.0／9
9	山口県	6.0／9
9	鳥取県	6.0／9
9	宮城県	6.0／9
9	山梨県	6.0／9
9	熊本県	6.0／9
21	千葉県	5.9／9
31	埼玉県	5.8／9

国語B　全国平均	5.9／9

「平成27年度全国学力・学習状況調査」（文部科学省）をもとに作成

受験情報

15歳の考現学
学校を選ぶときに知っておきたい
学習が知識創造型か未来創造型か

私立高校受験
首都圏私立高校
2016年度入試変更点

公立高校受検
出願から入学手続きまで
都立高校受検の日程をおさえよう

高校入試の基礎知識
こう書けば大丈夫!
都立高のマークシート

東京

都立高の生徒募集は前年比7学級280人増

東京都は10月8日、来春入試となる2016年度（平成28年度）の都立高校の募集人員を公表した。

都立校の全日制課程の募集は、173校1088学級で4万2505人となり、この春の募集と比べ7学級280人の増加となった。

新設や募集停止する都立高はなかったが、卒業予定者の増加などに対応するため、募集学級の増減が行われる。全体で11校11学級が減少し、18校18学級が増加する。

学級数が減少するのは**向丘**、**日本橋**、**東**、**青山**、**大山**、**江戸川**、**小松川**、**府中西**、**東村山西**、**狛江**、**久留米西**の11校。

増加するのは、**三田**、**竹早**、**本所**、**駒場**、**大森**、**広尾**、**鷺宮**、**高島**、**井草**、**田柄**、**足立**、**紅葉川**、**八王子北**、**小平**、**小平西**、**日野**、**東大和**、**晴海総合**の18校で、晴海総合の総合学科を除き、増減学級はすべて普通科。

詳細は都教委ホームページで確認できる。各校の募集人員や文化・スポーツ等特別推薦の対象人員も掲載されている。

神奈川

法政女子が2018年度共学化し「法政大国際」に

法政大学は10月16日、法政大学の附属校である**法政女子**（横浜市）について、2018年度をめどに、校名を「**法政大学国際高等学校**（仮称）」と改め、男女共学化を進める予定であることを発表した。

この改革は、法政女子が2015年度（平成27年度）にスーパーグローバルハイスクール（SGH）に指定されたことを含め、これまで進めてきた国際化の流れに対応した学校改革を発展させるための将来構想の一環とされる。

法政女子について、法政大学は「主体的に学び、考え、行動し、多様な他者とつながる21世紀の地球市民（グローバルシチズン）を育てる附属校」と位置づけている。

法政大の附属校では、男子校であった東京の**法政一中高**が、2007年（平成19年）三鷹市に移転と同時に共学化、校名を「**法政大学中学校・高等学校**」に改めた。

また、神奈川にある男子校の**法政二中高**は、来春、2016年度（平成28年度）より共学校となる。

15歳の考現学

学校を選ぶときに知っておきたい 学習が知識創造型か未来創造型か

森上《もりがみ》 展安《のぶやす》

森上教育研究所所長。1953年、岡山県生まれ。早稲田大学卒業。進学塾経営などを経て、1987年に「森上教育研究所」を設立。「受験」をキーワードに幅広く教育問題を扱う。近著に『教育時論』（英潮社）や『入りやすくてお得な学校』『中学受験図鑑』（ともにダイヤモンド社）などがある。教育相談、講演会も実施している。
HP：http://www.morigami.co.jp
Email：morigami@pp.iij4u.or.jp

生徒自身が気づいたテーマと その取り組みに未来を感じた

先日、東京学芸大附属国際中等教育学校のＳＧＨ（スーパー・グローバル・ハイスクール）事業に関する運営指導委員の委嘱《いしょく》を受けているので同校に行ってきました。

最も印象に残ったのは、ある女生徒がプレゼンしてくれた、環境問題に配慮したエシカル（ethical＝道徳的、倫理的な）ファッションについての英語スピーチで、聞き終わった別の委員の方が、ロンドンでエシカルファッションについての大会があるから、そこに出て発表する、という出口戦略をとるとよい、とアドバイスしていたことです。

つまりそれだけ内容があるということと、単に内弁慶にならず国際的な大会をめざせ、という励ましでもあったわけです。

東京学芸大附属国際中の場合、テーマを自分たちで考え、チームで議論してプレゼン内容を組み立て、校内セレクションで、その優劣を競うような仕組みだったと思いますが、なんとも選択したテーマがすばらしい。

環境問題がテーマの切り口ですが、身近なファッションに注目したことで、なにより自分自身の問題として考えることができます。それは、まったく日常的なことであり、一方でグローバルなことでもあります。ですから、同級生のチームにとっても共通の話題となります。

また「エコファッション」という和製英熟語にはしないで、鮮度のよい英語のコンセプトであるところもその感度の高さにより得点をあげたくなりました。

まして、国際スピーチコンテストもあるなら、まさにワールドワイドな議論に参加できることになります。

学校は知識創造型の学習を つかず離れず支えたい

さて、ここで考えさせられたのは学校というものが、どこまでこうしたことに関与できるか、また、すべきであるか、ということです。

この例のように、テーマとしてふさわしく、ＳＧＨの方針に添っていて、かつ、生徒も意欲的になれる、という枠組みさえあれば、また、学校行事のなかにうまく組み込めれば、柔軟に対応できます。

仙台の宮城学院高校は、ＮＧＯを通じてアフリカのさるところに識字学校（といっても小規模なもの）の建物を寄贈したことで顕彰されていましたが、まさに国境を越えた行いです。

こうした例のように学校もタッチはするし指導もするのですが、決して学校のなかだけでの教育ではない。そこがとても大切なところです。

とくに高校は、いわば大人社会に入る直前期です。大学や、NGOあるいは、企業などとコラボレーションし、社会の動的な脈絡のなかで学び取る総合型の学習は、モチベーションとしてかなり有効です。

ここで総合型と書きましたが、社会の動きは教科別には動きませんね。例えばいま、車など乗り物に用いられる素材に、鉄の5倍の強度をもつ、といわれるケブラーという炭素繊維がありますが、物理と化学の両方がマスターできていなければこの素材は考えられないのです。

このように問題解決型の学習は、合教科、総合で対処するのですから、その組み合わせでさまざまな答えが出せ、唯一の正解はないという世界です。トライ&エラーのなかで学んでいくことになります。

さて、ここまで読んでくださった方は薄々気づかれたことでしょうが、冒頭の東京学芸大附属国際中の生徒のように意欲的になれるテーマとの出会いが、こうした学習にとって命綱のようなところがあります。

もう少し言えば、意欲が持てるように協働して取り組んでくれる仲間や、うまく行方を示して軌道を修正したり、ドライブをかけてくれるコーチの存在は欠かせません。

コーチの場合は、教師か、できれば先輩のような相談しやすい人がいると最高です。

また、こうしたことにも気づかれたのではないでしょうか。すなわち前へ前へと積極的に自らが切りひらいていかないと、なにも始まらない、ということです。

当然ですが、おもしろいテーマになればなるほど、これを解いていくには従来の学校のなかにある資源（ソース）だけでは足りないのです。

学外や日本内外の情報源にアクセスできることが重要です。自ら動かなければ、向こうからやってくるわけもありません。その点、高校が大学の図書館につながっていたりすれば、やはり格段の違いがあるでしょう。また、大学には専門家がいますので、そのアドバイスがもらえるのであれば、そのソースがさらに活きるはずです。

もう1つ磨きたいのはリーダーシップ型のセンス

さて、こうした知識創造型の方向での意欲とは別に、もう1つの意欲もあるはずです。それは、リーダーシップ型のやる気です。

日本の多くの学校では、前述した知識創造型のやる気を起こさせるようなアクティブ・ラーニングがこれから多く考えられていきそうです。

それは十分におもしろいことですが、一方で、より1人ひとりがリーダーシップをとったり、フォロワーシップを学んだりすることもきわめて大切です。大人として社会を動かすには大切な技術ですから、そこをなにで学べるか、どのように学べるかということを、高校生活の1つの軸にしていかなければなりません。

それも、学校の内外、日本の国の内外で学ぶことができるといいですね。それは論理もさることながら、やはりセンスです。センスは磨いてこそよくなります。なるべく多くの機会を使って鍛えていくことがセンス向上の王道です。

例えば模擬国連という催しは、外交官のように弁論をふるう場です。これなどはうってつけですが、そこまで形式ばらずとも、なんらかの交流の催しに参加し、手始めとして慣れておくことでもいいと思います。

そうした交流をすると、必ず自身の魅力を意識します。それはとても大切なことですね。魅力的な人物を手本にしていくことで自身独自の魅力を、どのように出していくかがみえてもきます。人それぞれに固有のよさがありますが、1人でいると案外気づきません。さまざまな人と交流することで、自身の強さを自覚していくこともできます。

高校で、こうした2つの方向のやる気を持てる場を持ちましょう。最終的な学校選びに、そうした軸を持って臨みましょう。

高校時代は、その人の一生にとって大きな方向づけをする期間になります。そこで意欲を持って知識創造型か未来創造型（リーダーシップ型）かの、少なくともいずれかの方向で学ぶことができれば、そのあとの人生にとって、意義深い3年間になります。

いま、本当に大事なことは、いずれかもしくは両方の体験です。入試に向かう目を凝らしてみてください。

私立 INSIDE

首都圏私立高校 2016年度入試変更点

首都圏の各私立高校が、2016年度（平成28年度）の入試要項をほぼ公表し終わりました。そのなかから、おもな入試変更点をまとめました。ただし、未だ流動的な部分がありますので、志望校についてはそれぞれの学校のホームページで必ず確認してください。（協力/安田教育研究所）

募集停止

■東京

東京学園

共学化

■神奈川

法政二　定員：書類選考入試・男子200名、女子100名、学科入試・男子75名、女子60名。

※来春の入試変更点で最も話題を集めているのが、法政二の男子校からの共学化だ。これまでの書類選考250名、学科入試120名を右記のように男女別定員制とする。

一昨年までの学科入試は、国・英は必須、数・社・理から1科目選択するという形式だったが、共学化を考え、国・数・英のみとなった。

校名変更

■東京

日体荏原→日本体育大学荏原

■千葉

柏日体→日本体育大学柏

※日体荏原と柏日体がそれぞれ「日本体育大学荏原」、「日本体育大学柏」に変更する。運営法人が2012年（平成24年）に「学校法人日本体育会」から「学校法人日本体育大学」に変更したためだが、同一法人の日体桜華（東京）は変更されない。

コース等の改編

■東京

富士見丘　文部科学省のスーパー・グローバル・ハイスクール（SGH）に指定され、コースを英語特選・普通の2コースから、アドバンスト・グローバルに改編する。

明星　明星は独自にMGS（グローバルサイエンス）コースを新設し、グローバル教育と科学教育を強化、在来のコースは本科とする。

駒込　国際教養コースを新設してグローバル教育を強化。一般入試の科目、国・英・社の3教科で注目を集める。

文化学園大杉並　カナダの高校卒業資格もとれる、ダブルディプロマコースを新設したのに続いて、普通科アドバンストコースの募集を停止し、英語コースを国際コースに衣替えし、ダブルディプロマコースは希望しないが、英語だけではないグローバル教育を希望する受験生に対応する。

東京家政大附属　躍進・創造の2コース制だったが、これを躍進ｉコースに一本化、異文化間コミュニケーション力、情報リテラシーの習得に力を入れたグローバル対応型とする。

村田女子　普通科アドバンストαコースを新設、従来のアドバンストコースはアドバンストβとなる

淑徳ＳＣ　Ⅰ類にＳクラスを新設。

藤村女子　総合コースを新設。２０１３年度まで総合コースを募集していたが、それとは異なり、現在の進学コースより入りやすいコースとなる。

■埼玉

開智　最上位コースとしてＴコースを新設。Ｓ類・Ｄ類はそれぞれ類型からコースに改め３コース制に。

東京成徳大深谷　特進選抜・特進コースを再編統合して特進Ｓコースを新設。

東京農大三　スーパーセレクト・特進コースを再編統合してⅠ類を新設、総合進学コースはⅡ類とし、Ⅲ類（スポーツ科学）を新設。

細田学園　食物科（調理師コース）の募集を停止。

■千葉

敬愛学園　進学αコースを新設。従来の進学コースは進学βコースに。

推薦入試の新設

■東京

城北　推薦入試を新設。試験日は１月22日。定員20名、第１志望生限定。埼玉・千葉県生を含め、併願はできない。出願基準は９科36以上かつ５科20以上で、９科に２以下は不可。入試は国・数・英の適性検査（各50分）と面接で、面接結果やクラブ・特別活動に真面目に取り組んだ実績なども参考にする。不合格もありうる入試。これに伴い一般入試は２月12日の２回を取りやめ、11日のみに変更する。

併願推薦の導入

■東京

日大櫻丘　併願優遇では加点で優遇。基準は都内生５科22、都外生５科23。

日大豊山　特進、進学の両コースとも併願推薦新設。試験日は２月10日、推薦基準は５科22、９科に１や２がないこと。

桐朋女子　一般で第２志望（公立併願）優遇制度を導入。推薦基準は９科38または５科22（すべての教科の評定が３以上。英検、漢検など検定試験の成績や皆勤、部活生徒会活動実績などでも加点）。

郁文館　Ⅱ期（３月12日実施）でも併願優遇措置導入。推薦基準は東大クラスが３科14以上かつ５科22以上。特進クラスでは３科13以上、５科19以上のいずれか。

一般クラスは３科12以上、５科（国語18以上、９科で30以上のいずれか。英検、漢検など検定試験の成績や皆勤、部活生徒会活動実績などでの加点あり）。

明星　前述のＭＧＳコースの新設に伴い、本科のみとしていた併願優遇（Ｃ推薦・公立併願）を、ＭＧＳにも出願できるよう変更。出願時にどちらかを選んで受験する。ＭＧＳ入試の結果が合格とならなかった場合でも、特別な事情がなければ本科合格となる。

新設コースの募集など

■東京

東京女子学院　外国語コースを新設。募集人員は20名（総合コースは40名）。外国語コースは推薦と併願優遇入試のみの募集とし、一般入試の募集は行わない。

淑徳SC　AO入試を導入。募集人員は5名、2月10日に作文と面接で実施。事前に自己推薦書（志望理由書）を提出。

日体桜華　AO入試を導入。募集人員は単願推薦、併願推薦と合わせて120名。試験日は1月22日で面接のみ行う。

■埼玉

国際学院　普通科を新設して外部募集を行う。募集人員は、普通科80名、総合学科160名の計240名（内部進学者を含む）。総合学科特別選抜コース→普通科アドバンスコース、同特別進学コース→普通科セレクトコース、同総合進学コースⅠ→総合学科選抜進学コース、同総合進学コースⅡ→総合学科進学コース。

■神奈川

法政女子　帰国生入試を導入。試験日は2回で、Ⅰ期…12月5日、Ⅱ期…2月4日。一般入試（書類選考、学科試験とも）でも帰国生に対し一定の配慮を行う。

横浜富士見丘学園　後期課程（高校）での編入募集を行う。募集人員は1学級程度を予定。試験日は、推薦（専願）1月22日、一般（併願）2月10日。推薦基準は、専願31、併願34（ただし英語は4以上、9科に1のないこと、英検、漢検など検定試験の成績や皆勤、部活生徒会活動実績などでの加点あり）。

入試科目変更

■東京

桐朋　3科テスト＋面接→3科テストのみに変更。

桜丘　特進クラス入試の面接中止。CLクラスでは、推薦の適性検査と一般の筆記試験をともに3科とする。

広尾学園　医進・サイエンスコースでは、国・数・英3科に変更する。

成立学園　英語入試導入。試験日2月20日、書類と英語（60分）、面接で選考。

インターネット出願導入

■東京

桜美林、関東第一、実践学園、十文字、日大豊山。

■千葉

我孫子二階堂、市川、芝浦工大柏、千葉英和、流通経大付柏、麗澤、和洋国府台女子。

■埼玉

西武学園文理。

■神奈川

鎌倉学園、桐蔭学園。

「千葉県生向けの一般入試」を2月10日以前に行う都内私立高校

来春の千葉県公立高校の前期選抜は2月9日・10日に実施される。

このため、2月10日から始まる都内私立高校の一般入試を、千葉県公立高校の前期受検者は併願ができない。そこで、千葉県生に限って2月5日以降なら入試を実施できるよう特別措置がとられる。千葉県生向けに2月10日以前に一般入試を予定している都内私立校は次のとおり。

愛国、足立学園、江戸川女子、共栄学園、修徳、淑徳SC、瀧野川女子学園、東京女子学園、東星学園、日大一など。

出願から入学手続きまで 都立高校受検の日程をおさえよう

安田教育研究所　副代表　平松 享

都立には、「推薦」「一般」「2次」など、複数の入試機会があり、その都度、出願や試験などに、おさえておきたいポイントがあります。発表された要項をもとに日程と注意点をまとめました。

入試区分

都立高校の入試には、大きく分けて「推薦」と「一般」があります。さらに「一般」は「1次・分割前期」と、「2次・分割後期」に分かれています【表1】。「一般」では、**田園調布**などのように、定員を2つに分けて募集する学校があり、分割前期、分割後期と呼んでいますが、1次、2次と日程は変わりません。

「推薦」の検査日は、1月26日と27日の2日間となっていますが、これまで、多くの学校が1日で終わっています。各校の日程は、直前までわかりませんが、学校説明会などで予定として知らされることもあります。

また、集団討論の進め方などは、出願時に書類が配られて詳細がわかる学校があります。日程、進め方はどちらも前年と変わらない学校が多数だと思われますので、あらかじめ調べておきましょう。

「推薦」の合格者は「一般」に出願できませんが、不合格者の場合は同じ学校を含む「一般」に出願可能です。ただし、**国際**の国際バカロレアコースは「一般」のみの募集で、入試日程は、他校の「推薦」と同一です。同コースに不合格の場合は、やはり同校を含む「一般」を受験することができます。

２０１６年度（平成28年度）から「一般」の選抜方法が変わりますが、「推薦」には、大きな変更はありません。

出願と志願変更

出願は「推薦」、「一般（1次・分割前期）」、「同（2次・分割後期）」のそれぞれにおいて、毎回、必要書類を受検する学校に持参して提出します。

願書は公立中学校なら学校に置かれていますが、私立や他県の中学校などに在籍している生徒が受検する場合は、都の教育委員会から、個人的に取り寄せなければなりません。

ほとんどの公立中学校では、書類作成のため、「推薦」や「一般」の出願日より10日ほど前に、中学校内で締切日を設けています。この期限を過ぎると、出願先を変えることが難しくなるケースがあります。事前に、中学校の先生の話をよく聞いておくことが大切です。

ただし、「一般（1次・分割前期）」と「同（2次・分割後期）」募集の場合は、各校の倍率を確かめてから出願先を変更する「志願変更」の制度があります。タイミングよくこれを利用すれば、中学校も十分対応してくれます。

例えば「一般（1次・分割前期）」の願書受付日は、来年は2月4日と5日ですが、都立の各校は、その時点で一度締め切った倍率を公表します。その数字が翌日（6日）の朝刊に掲載されますので、そこで出願について再検討することができるのです（都教委HPには当日夜にアップされます）。

「志願変更」する場合は、出願した高校に、15日に願書を取り下げに行き、16日に変更先の学校に再提出します。

変更には中高間のルールがありますので、「志願変更」を利用するにあたっては、必ず中学校の先生に相談し、書類の変更などの手続きをお願いするようにしてください。

なお「一般」には、「推薦」合格者や国際のバカロレアコースの合格者は出願できません。また、「海外帰国生枠」や産業技術高専の合格者は受検できません。「2次・分割後期」募集でも、それまでの都立合格者は出願できません。

合格発表と手続き

合格発表は、「推薦」が2月2日、「一般（1次・分割前期）」は3月2日、「同（2次・分割後期）」は3月16日です。「推薦」と「一般」では午前9時に、「2次・分割後期」では、正午に合格者の受検番号が学校内に掲示されます。インターネットなどでの発表は行われません。

入学手続きの締め切りは、いずれ

【表1】2016年度都立高校入試日程

推薦	願書受付		1月21日(木)～15時
	集団討論・面接、実技検査等		1月26日(火)、一部で27日(水)も
	合格発表		2月2日(火) 午前9時
	入学手続		2月2日(火)、3日(水)正午
1次募集 分割前期	願書受付		2月4日(木)、5日(金)
		取下げ	2月15日(月)～15時
		再提出	2月16日(火)～正午
	学力検査		2月24日(水)
	合格発表		3月2日(水)午前9時
	入学手続		3月2日(水)、3日(木)正午
2次募集 分割後期	願書受付		3月7日(月)～15時
		取下げ	3月8日(火)～15時
		再提出	3月9日(水)～正午
	学力検査		3月10日(木)
	合格発表		3月16日(水) 正午
	入学手続		3月16日(水)、17日(木)正午
国際高校 IBコース（一般入試）	願書受付		1月21日(木)、1月22日(金)～15時
	学力検査		1月26日(火)、27日(水)
	合格発表		2月2日(火) 午前9時
	入学手続		2月2日(火)、3日(水)正午

も発表翌日の正午です。入学金等の納入はありませんが、入学の意思があるときは、入学確約書を締め切りまでに高校に提出しなければなりません。

都立の「推薦」は、合格した場合、必ず入学しなければなりませんが、「一般」では、入学を辞退することができます。

11月下旬から始まる中学校の三者面談では、受検したい学校の名前を、具体的に先生に伝えることになります。【表2】に都立上位校の募集要項を掲載しています。入試のルールや日程を十分調べて、面談に臨むようにしてください。

【表2】2016年度都立高校上位校募集要項

地区	学校の種別・学科タイプ・指定	学校名	募集学級数 今年度→来年度	推薦入試 定員枠	推薦入試 満点 調査書	推薦入試 満点 集団討論・個人面接	推薦入試 満点 作文・小論文・実技等	推薦入試 文化スポーツ等特別	一般入試 学力内申比(前年同)	一般入試 科目数等	一般入試 分割募集	一般入試 男女緩和	前年実質倍率 男子	前年実質倍率 女子
旧1学区	進学指導重点校	日比谷	8	20%	450	300	小150		7:3(7:3)	5③			2.18	1.79
	進学指導特別推進校	小山台	8	20%	450	200	小250		7:3(7:3)	5			1.58	1.43
	進学指導推進校	三田	7→8	20%	300	150	小150		7:3(7:3)	5		×	2.30	1.96
		雪谷	7	20%	400	200	作200	○	7:3(7:3)	5		◎	1.49	1.68
		田園調布	6	20%	500	250	作250		7:3(7:3)	5	○		1.41	1.48
旧2学区	進学指導重点校	戸山	8	20%	400	200	小200		7:3(7:3)	5③			2.11	1.77
	進学指導重点校	青山	8→7	10%	450	150	小300		7:3(7:3)	5③			2.09	1.96
	進学指導特別推進校	駒場	7→8	20%	360	180	作180		7:3(7:3)	5			1.74	1.68
		目黒	6	20%	450	200	作250		7:3(7:3)	5		◎	1.34	1.72
	進学指導特別推進校・単位制	新宿	8	10%	450	180	小270		7:3(7:3)	5③		合同	1.86	
	進学指導特別推進校	国際	6	30%	500	200	小300		7:3(7:3)	5①傾		合同	3.18	
	単位制	芦花	6	20%	400	200	作200		7:3(7:3)	5		合同	1.90	
旧3学区	進学指導重点校	西	8	20%	360	240	作300		7:3(7:3)	5③			1.69	1.44
	併設型中高一貫	大泉	2	20%	450	250	作200		7:3(7:3)	5③			1.50	1.31
	併設型中高一貫	富士	2	20%	450	200	作250	○	7:3(7:3)	5③			1.55	1.39
	進学指導推進校	豊多摩	8	20%	450	300	作150	○	7:3(7:3)	5			1.54	1.71
		井草	7→8	20%	500	200	小300		7:3(7:3)	5			1.25	1.48
		杉並	8	20%	500	300	作200	◎	7:3(7:3)	5		○	1.50	1.79
旧4学区	進学指導推進校	竹早	6→7	20%	500	250	作250		7:3(7:3)	5			1.47	1.70
	進学指導推進校	北園	8	20%	500	250	作250		7:3(7:3)	5		◎	1.71	2.20
		文京	9	20%	300	150	作150	○	7:3(7:3)	5		○	1.64	1.58
		豊島	7	20%	500	250	作250	○	7:3(7:3)	5		×	1.61	1.42
	単位制	飛鳥	6	20%	500	250	作250	○	7:3(6:4)	5傾		合同	1.20	
旧5学区	併設型中高一貫	白鷗	2	20%	500	300	作200		7:3(7:3)	5③			1.72	1.44
		上野	8	20%	500	300	作200	○	7:3(7:3)	5			1.69	1.72
	進学指導推進校	江北	8	20%	450	150	作300		7:3(7:3)	5			1.26	1.11
旧6学区	併設型中高一貫	両国	2	20%	500	250	小250		7:3(7:3)	5③			1.83	1.38
	進学指導推進校	小松川	9→8	20%	500	250	作250		7:3(7:3)	5			1.45	1.37
	進学指導推進校	城東	8	20%	400	200	小200	○	7:3(7:3)	5			1.72	1.60
	進学指導推進校	江戸川	9→8	20%	400	200	作200	○	7:3(7:3)	5			1.36	1.80
	進学指導推進校・単位制	墨田川	8	20%	200	100	小100	○	7:3(7:3)	5③		合同	1.62	
	科学技術科	科学技術	6	30%	500	300	実200	○	7:3(7:3)	5傾		合同	1.24	
旧7学区	進学指導重点校	八王子東	8	20%	500	200	小300		7:3(7:3)	5③			1.41	1.37
	進学指導特別推進校	町田	8	20%	450	225	小225		7:3(7:3)	5			1.34	1.41
	進学指導推進校	日野台	8	20%	450	225	作225		7:3(7:3)	5			1.25	1.47
		南平	8	20%	450	225	作225		7:3(7:3)	5			1.40	1.27
		成瀬	7	20%	500	300	小200		7:3(7:3)	5			1.24	1.29
	単位制	翔陽	6	20%	500	300	作200		7:3(7:3)	5		合同	1.48	
旧8学区	進学指導重点校	立川	8	20%	500	200	小300		7:3(7:3)	5③			1.85	1.43
		昭和	8	20%	450	300	作150		7:3(7:3)	5			1.52	1.66
		東大和南	7	20%	450	250	作200	○	7:3(7:3)	5			1.50	1.61
旧9学区	併設型中高一貫	武蔵	2	20%	500	200	小300		7:3(7:3)	5③			1.53	1.13
	進学指導推進校	武蔵野北	6	20%	450	225	作225		7:3(7:3)	5			1.44	1.26
	進学指導推進校	小金井北	6	20%	500	250	小250		7:3(7:3)	5			1.54	1.44
		清瀬	8	20%	500	250	小250	○	7:3(7:3)	5			1.24	1.24
		小平	5→6	20%	500	250	小250	○	7:3(7:3)	5		○	1.68	1.82
	コース制	小平(外国語)	2	30%	500	250	小250		7:3(7:3)	5傾		合同	2.09	
	進学指導特別推進校・単位制	国分寺	8	20%	400	200	小200		7:3(7:3)	5③		合同	1.53	
	単位制	上水	6	20%	360	160	小200	○	7:3(6:4)	5		合同	1.34	
	科学技術科	多摩科学技術	6	30%	500	300	実200	○	7:3(7:3)	5傾		合同	1.35	
旧10学区	進学指導重点校	国立	8	20%	500	200	小300		7:3(7:3)	5③			1.64	1.70
	進学指導推進校	調布北	6	20%	500	250	作250		7:3(7:3)	5			1.37	1.76
		狛江	9→8	20%	450	250	作200	○	7:3(7:3)	5		×	1.73	1.33
		神代	7	20%	450	300	作150		7:3(7:3)	5		○	1.68	1.54
		調布南	6	20%	500	200	作300		7:3(7:3)	5			1.61	1.77

◎は来年度新規導入、×は廃止。推薦の「小」は小論文、「作」は作文、「実」は実技(発想表現検査など)。
一般の「③」は３科自校作成問題(国際の①は英語のみ)、「合同」は男女合同選抜。「集面」は集団面接、「傾」は傾斜配点。

グローバル教育出版の本

新刊案内

「先生を育て学校を伸ばす」ベテランが教える

生徒を育て、人を育て、そして、自分を育てる 先生のための本

学校が伸びる

教員は、生徒に向ける関心こそが、自己の生徒指導の方法を磨いていくのだということに気づくべきです。生徒に「目をかけ、心をかけて」育てていくことで、教員自身も育てられているのです。それがひいては、学校を伸ばすことにつながります……著者

淡路雅夫 著

先生！子どもが元気に育っていますか？

A5判　160ページ　1,500円＋税

淡路雅夫（あわじ・まさお）

淡路子育て支援教育研究所主宰。私立浅野中学・高等学校の前校長。現在は、國學院大學教職特別講師、関東学院大学非常勤講師、東邦大学教職アドバイザーなどを務め、講演・執筆活動を通して私学支援を行う。専門分野は子どもの教育・福祉を中心とした家族・親子問題。

ISBN978-4-86512-058-5

この本は 先生のための「**教科書**」であり「**強化書**」である

森上教育研究所 所長 森上展安

http://www.g-ap.com

グローバル教育出版　〒101-0047 東京都千代田区内神田2-4-2 グローバルビル　電話 03-3253-5944　Fax 03-3253-5945

こう書けば大丈夫！都立高のマークシート

東京都教育委員会は、来春の入試で、全校にマークシート方式を導入する2016年度都立高校入学者選抜の学力検査について、マークシートの記入法を中学3年生に周知するための解説リーフレットを作成し、ホームページに公開しました。今回は、その内容を取り上げます。

来春入試では全校でマークシート方式に

都立高校入試では、２０１４年度入試で多数の採点ミスが発覚して問題となりました。

その再発防止・改善策としてマークシート方式での解答が有力となり、２０１５年度入試ではモデル校20校でマークシート方式を採用してテストしました。

モデル校でのテストがおおむね好評で、採点ミスを減らすことに大きな効果があったことから、２０１６年度入試の学力検査では、共通問題を使用するすべての学校（島しょを除く）で、マークシートに解答を記す方式を導入することにしました。

今回作成された解説リーフレットでは、出題例や解答例を実際に示しながら、マークシート方式の問題の特徴を紹介しています。

検査問題の出題形式については、「記述式の問題が減り、マークシート方式の問題が増える」とも明記されています。２０１５年度入試ではすべて記述式であった数学でも、一部でマークシート方式の問題を導入することにしています。例えば「10」の解答では、「1」と「0」をマーク欄で塗る形になります。

マーク欄の塗り方についても、良い例と悪い例、今春の20校でみられたマークミスを参考に、ミスの事例を、具体的に示しながら「決められた枠内を丁寧に塗りつぶす」ことを呼びかけています。

マーク欄を塗るのに適した筆記用具については、HB、またはBの鉛筆をすすめています。

この解説リーフレットは、すでに、都教委のホームページにカラーのPDF形式で公開されていますので参考にしましょう。

また、２０１５年度入試において、モデル校で使用されたマークシート方式の解答用紙も、都教委ホームページの「入試情報（27年度入学者）」からダウンロードして入手できます。

このほか、都教委では受験生にマークシートに慣れてもらうため、11月に中学3年生に対し、マークシート方式のサンプル解答用紙を配布することにしています。

次ページから、解説リーフレットで示されたマークシート記入のための注意点をまとめました。

なお、マークシートは実際にはマゼンタ色（濃いピンク色）で印刷されています。

マークシート方式の問題の特徴について

的と方針は変わらない、とされています。

ただ、学力検査問題の出題形式について、記述式の問題が減り、マークシート方式の問題が増える、と明記されました。

また、マークシート方式の問題のうち、記号を選択する問題では、ア、イ、ウ、エの記号を書くのではなく、記号のマーク欄を塗って解答することになります【図1】。

■記述式が減る

学力検査の出題では、中学校3年間で身につけた学力を測るという目

【図1】

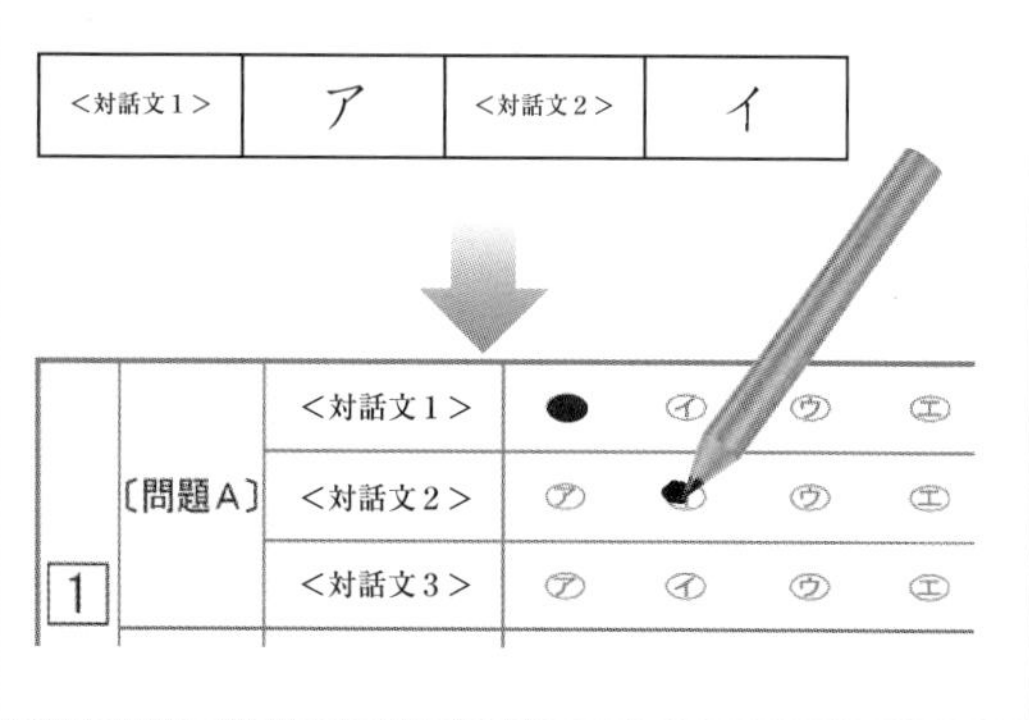

■数学もマークシート方式に

昨年度まで実施されていた学力検査では、数学はすべて記述式の問題でしたが、2016年度入試からは、数学においても、解答の一部にマークシート方式が導入されます。

マークシート方式の問題の場合に

は、下の【図2】にある〈出題例〉の解答のように、指定された枠に入る数値について、数字1つずつのマーク欄を塗って解答します。

数学においてもマーク欄を塗って解答する方法となることは、来年度のマークシート方式全校導入のなかでは最も大きな変更点といえます。

【図2】 〈出題例〉 平成２７年度入学者選抜学力検査　数学　5　〔問1〕より作成

5 右の図1に示した立体A−BCDは、　AD＝8cm、
BD＝CD＝4cm、　∠ADB＝∠ADC＝∠BDC＝９０°
の三角すいである。　辺AD上にある点をPとする。
　頂点Bと点P、頂点Cと点Pをそれぞれ結ぶ。
　次の各問に答えよ。

〔問1〕　次の　　　　　に当てはまる数値を答えよ。
　AP＝PDのとき、△BCPの内角である
　∠BPCの大きさは、　うえ　度である。

図1

対応する記号のマーク欄から当てはまる数値を選んで塗ります。

答えは、
６０度 ね。

〔問1〕 う / え （マークシート欄）

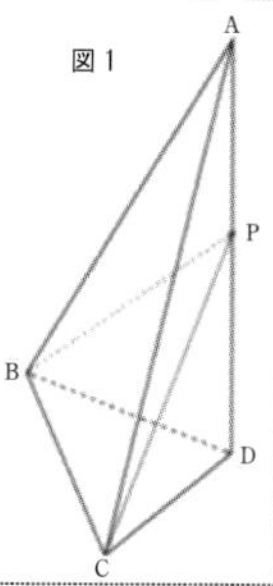

マーク欄を塗るときはこんなことに注意したい

■マーク欄の塗り方について

決められた枠内を【図3】の例に従って丁寧に塗りつぶしましょう。多少、はみ出したりしても大丈夫ですが、悪い例のような塗り方では、読み取りエラーが起こる可能性があります。

■筆記用具について

筆記用具は、鉛筆が適しています。

【図3】

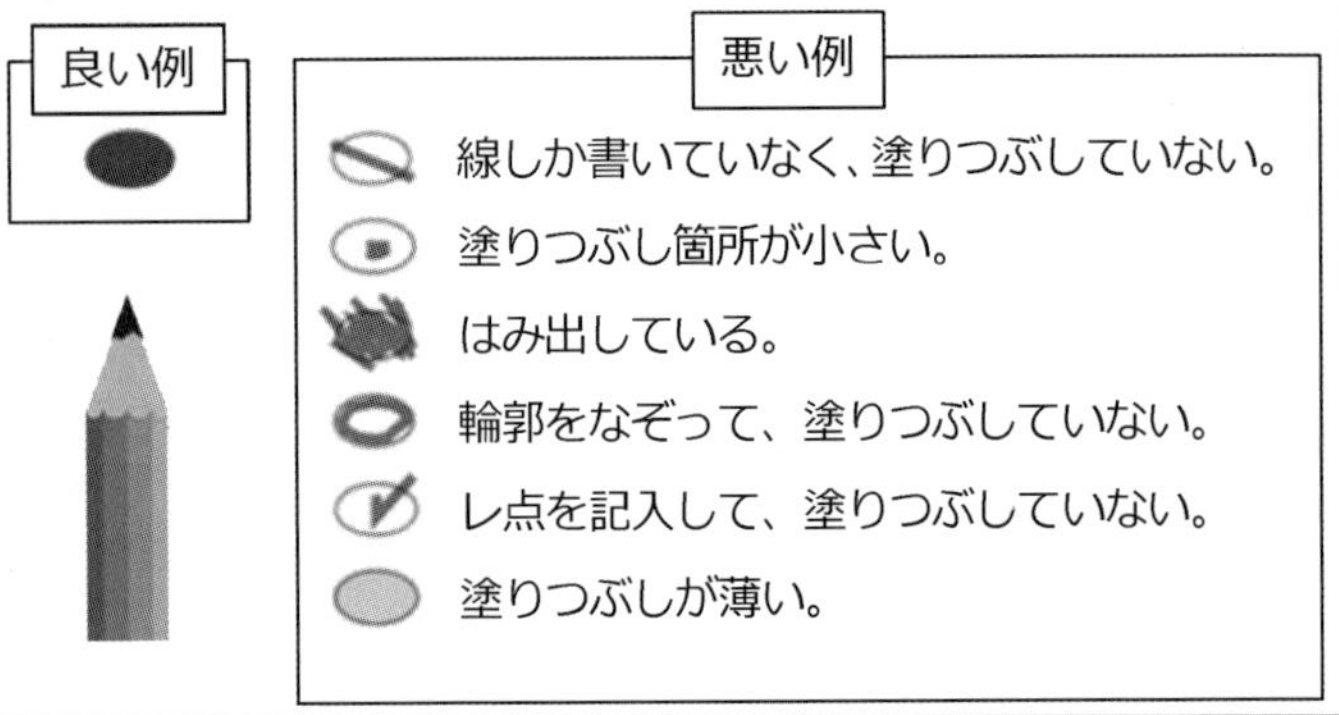
良い例
悪い例
線しか書いていなく、塗りつぶしていない。
塗りつぶし箇所が小さい。
はみ出している。
輪郭をなぞって、塗りつぶしていない。
レ点を記入して、塗りつぶしていない。
塗りつぶしが薄い。

シャープペンシルも使用できますが、極細芯のシャープペンシルを使用すると、消しゴムで消したときに塗りつぶした跡が残る場合があるので、避けた方がよいでしょう。

それでもシャープペンシルを使用したい場合は、芯の太さが0・5ミリ以上のものにしましょう。

■筆記用具の芯の濃さについて

固い芯の筆記用具の場合、塗りつぶしが薄くなったり、消したときに書いた跡が残ったりすることがあります。HBまたはBの筆記用具を使用するとよいでしょう。

こんな失敗をしないようにマークミスの例から学ぼう

ここまで、マーク欄を塗るときに注意したい点をお話ししてきました。ところが、いくらきれいにマークしていたとしても、勘違いから起こるミスもあります。このようなミスは、順にずれていってしまう場合もあり、じつは塗り方のミスより怖いものだともいえます。

このようなミスの代表例を下に示しました。この春の入試のモデル20校で起きた事例を参考にしています。

この例では受検番号「1359270」の受検生が、受検番号をマークしたときのミスです。

実際の入試でも最初に受検番号をマークします。受検番号に限らず、下のようなミスをすることがないよう気をつけたいものです。

数学で分数の解答を求められた場合、分母と分子のどちらを先にマークするのかも要注意です。分子から先にマークしなければならないのに、頭のなかで「○分の○」と反《はん》芻《すう》していたために、分母を先にマークしてしまったりするのです。

怖いのはマークずれといわれるミスです。数学や理科はマーク欄がいくつも続く傾向がありますので、マークずれを起こさないためには、大問ごとに確認することです。

わからない問題を飛ばす場合もチェックマークをしておきます。あとで再度考えるために×印やレ点を解答欄の左端にめだつように記しておくのです。これを空白にしておくと、それが原因でマークがずれることがよくあるのです。

事例1 マーク漏れ

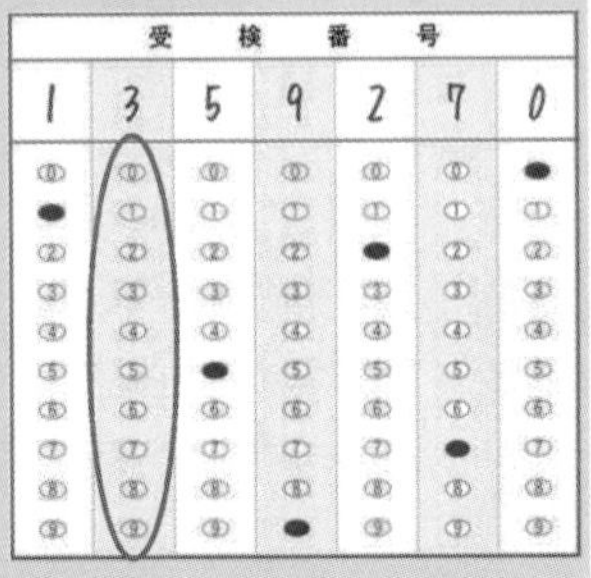
受 検 番 号
1 3 5 9 2 7 0

7桁のマーク欄のうち塗られていないマーク欄がある。

事例2 複数マーク

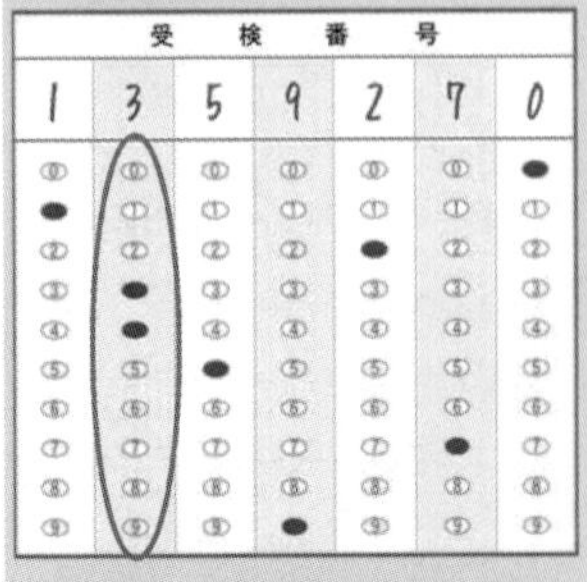
受 検 番 号
1 3 5 9 2 7 0

同一の桁のマーク欄を複数塗っている。

事例3 桁間違い

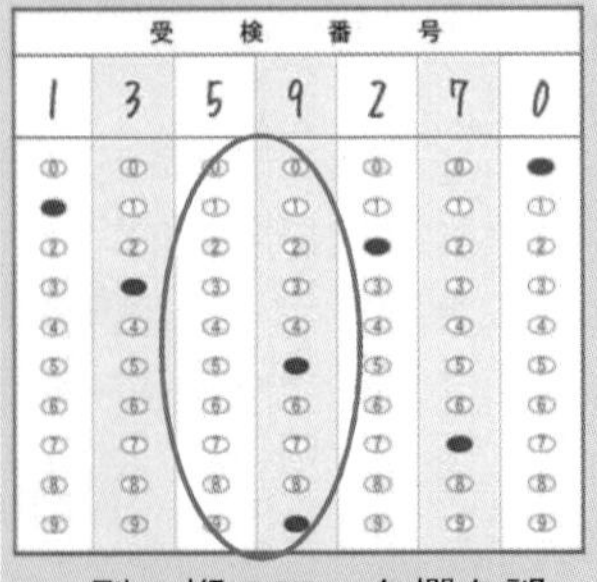
受 検 番 号
1 3 5 9 2 7 0

別の桁のマーク欄を誤って塗っている。

事例4 0と1の間違い

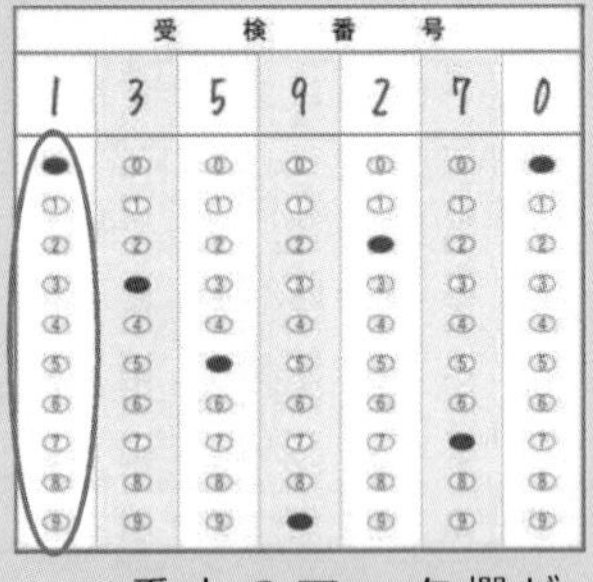
受 検 番 号
1 3 5 9 2 7 0

一番上のマーク欄が「1」だと勘違いして、「0」のマーク欄を塗っている。

10月号の答えと解説

問題 Q 単語パズル

アミダをたどって8組すべてが類義語のペアになるようにするには、ア～キの7本の縦線のうち、2本の線を除く必要があります。どの線とどの線を取り除けばよいでしょうか？　記号で答えてください。

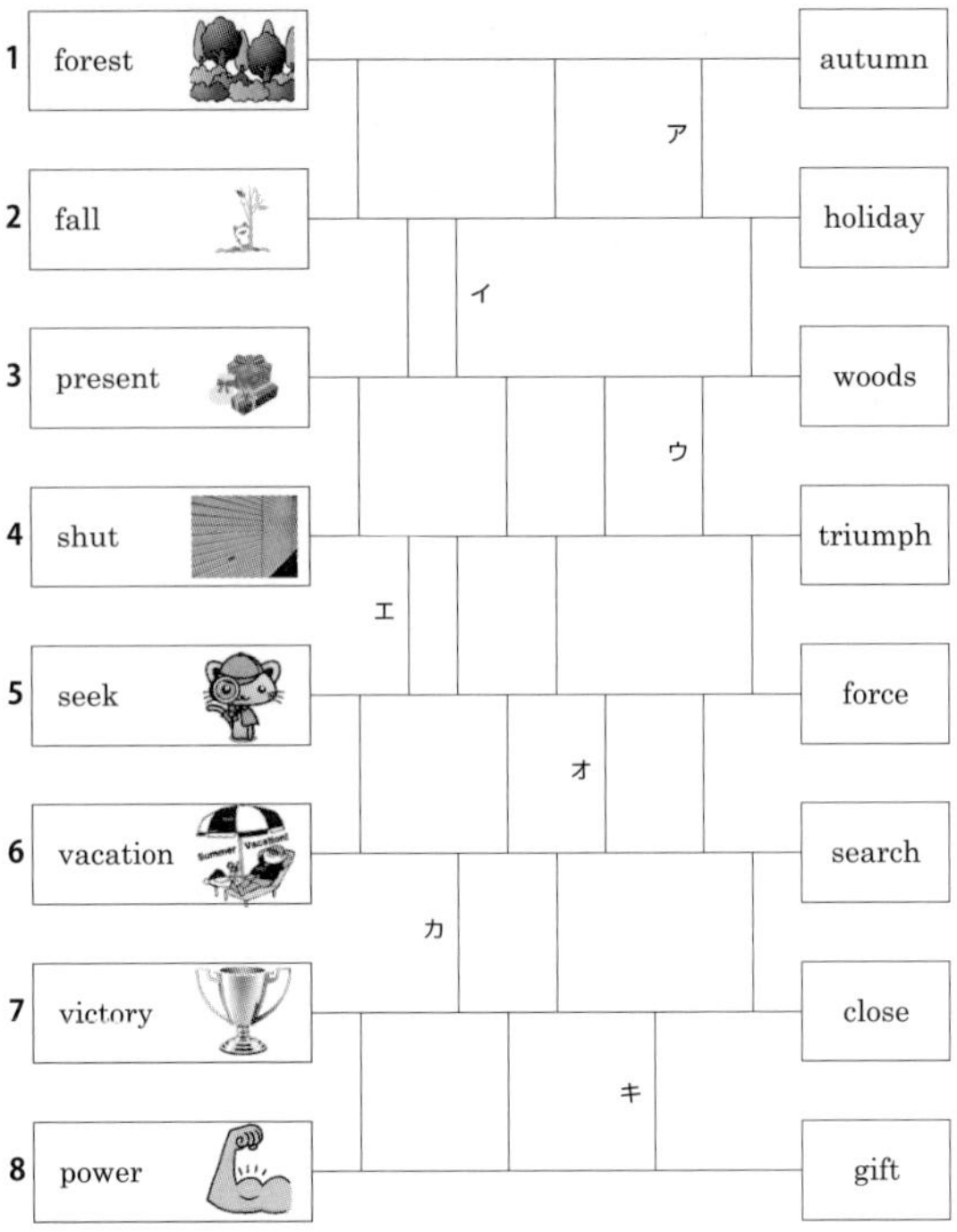

解答　エとオ

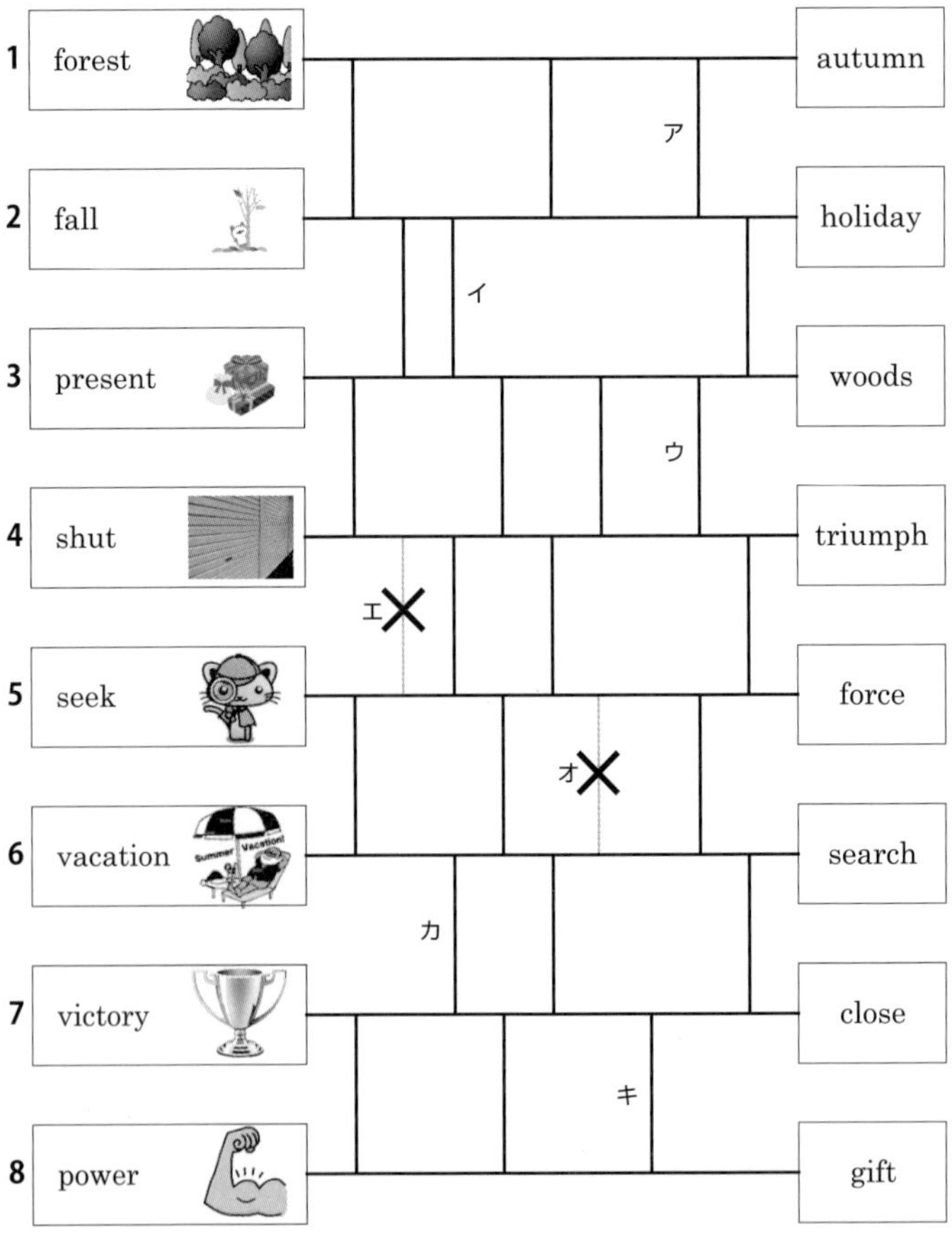

解説

8組の類義語のペアを作ると、次のようになります。

1 forest（森林）＝woods

2 fall（秋）＝autumn

3 present（贈り物）＝gift

4 shut（閉める）＝close

5 seek（探す）＝search

6 vacation（休暇）＝holiday

7 victory（勝利）＝triumph

8 power（力）＝force

問題のアミダでは、**3**のpresentがholidayに、**6**のvacationがgiftにつながっていますから、この2つの線が交差する「エ」の線を取り除きます。また、**4**のshutがtriumphに、**7**のvictoryがcloseにつながっていますから、この2つの線が交差する「オ」の線を取り除けばいいことになります。

中学生のための学習パズル

今月号の問題

Q 漢字詰めクロス

リストの漢字を使って漢字クロスワードを完成させてください。■のマスには漢字は入りません。最後まで使わずに残る漢字を組み合わせてできる、3文字の熟語を答えてください。

	耳		風	■	危		一		■		作	
鹿	■	洋	■	保		■		■		語	■	化
	感	■	大		■		心		体	■	資	
■		記		■	値		■	盟	■	風		■
	量	■		動	■	落		■	批		■	絶
笑	■	整		■	廊	■		紙	■	被		
■	総		■	天			品	■	水		■	絶
糞		■	元		■	人	■	背		■	特	
	■	月		■	空				■	有		■
面		見	■	規		■	好	■	制	■	薬	
	■		結	■	様		■			大	■	名
■	分		■	仮	■	守		神	■		下	
理		■	四		楚		■		営	■		配

【リスト】

安	安	一	一	英	下	歌	解	害	格
機	気	経	険	限	後	護	効	口	行
高	財	子	子	指	写	車	主	手	心
真	絶	前	体	団	段	中	倒	東	同
日	日	馬	髪	飛	微	評	文	無	無
名	命	面	模	目	用	理	力	力	列

10月号学習パズル当選者

全正解者39名

吉朝　彩乃さん（東京都江戸川区・中3）
加藤　優奈さん（埼玉県さいたま市・中3）
吉川　駿平さん（千葉県千葉市・中1）

応募方法

●必須記入事項

01　クイズの答え
02　住所
03　氏名（フリガナ）
04　学年
05　年齢
06　右のアンケート解答

◎すべての項目にお答えのうえ、ご応募ください。
◎ハガキ・ＦＡＸ・e-mailのいずれかでご応募ください。
◎正解者のなかから抽選で３名の方に図書カードをプレゼントいたします。
◎当選者の発表は本誌2016年2月号誌上の予定です。

●下記のアンケートにお答えください。

A今月号でおもしろかった記事とその理由
B今後、特集してほしい企画
C今後、取り上げてほしい高校など
Dその他、本誌をお読みになっての感想

◆応募締切日 2015年12月15日（当日消印有効）

◆あて先

〒101-0047　東京都千代田区内神田2-4-2
グローバル教育出版　サクセス編集室
FAX：03-5939-6014
e-mail:success15@g-ap.com

に挑戦!!

文《ぶん》教《きょう》大《だい》学《がく》付《ふ》属《ぞく》高等学校

問題

右の図のように，点A（4，8）を通る放物線$y = ax^2$がx軸に平行な直線lと2点P，Qで交わっている。△OPQが∠POQ＝90°の直角二等辺三角形となるとき，次の問いに答えなさい。

(1) 定数aの値を求めなさい。

(2) 点Pの座標を求めなさい。※

(3) 点Pを通り，△OPQの面積を二等分する直線の式を求めなさい。

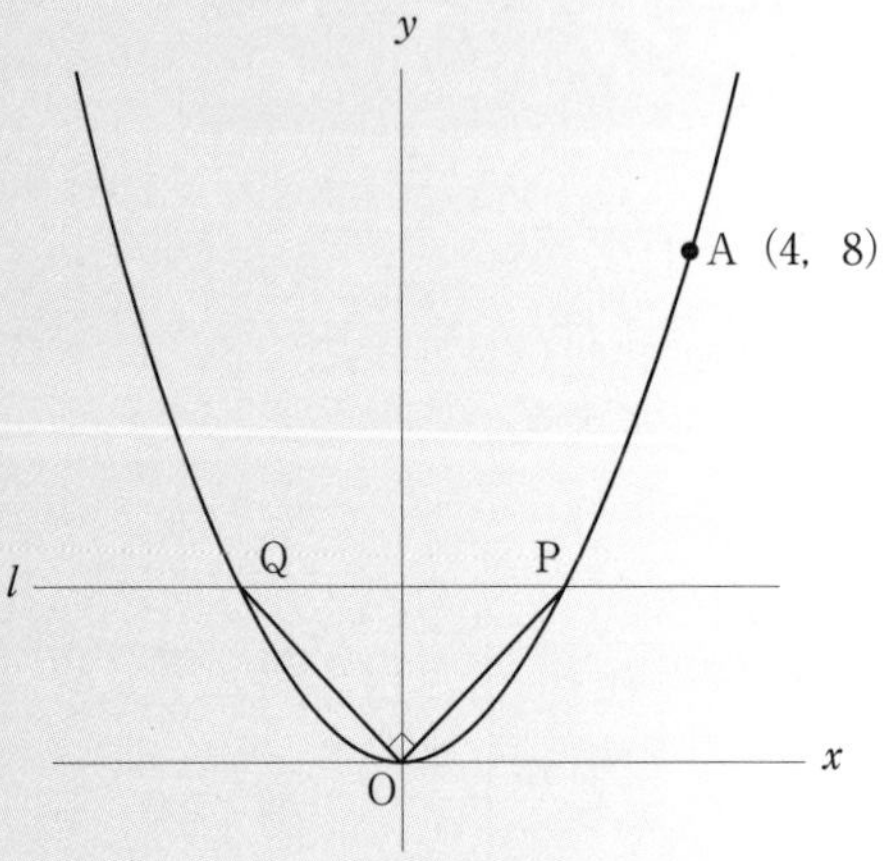

※実際の入試問題では解答までの過程も求められています。

解答 (1) $a=\frac{1}{2}$ (2) P（2，2） (3) $y=\frac{1}{3}x+\frac{4}{3}$

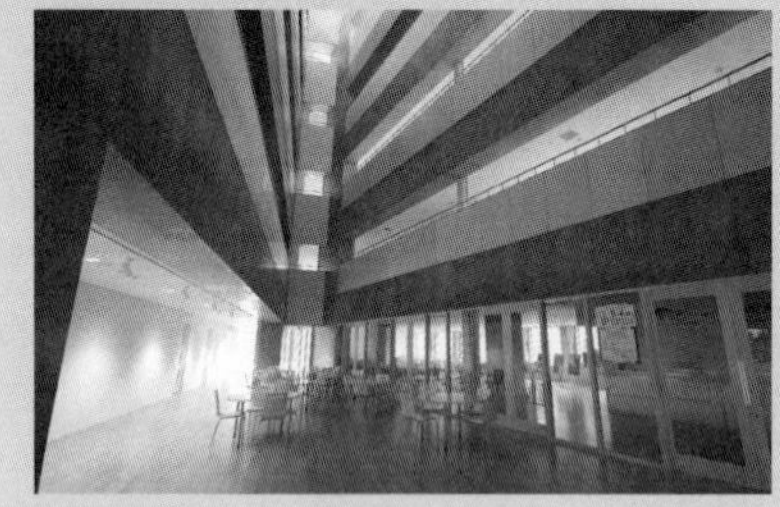

■ 東京都品川区旗の台3-2-17
■ 東急大井町線・池上線「旗の台駅」、東急大井町線「荏原町駅」徒歩3分、都営浅草線「中延駅」徒歩8分
■ 03-3783-5511
■ https://www.bunkyo.ac.jp/faculty/ghsn/

学校説明会
11月28日（土） 10：30～11：50

入試対策説明会 要予約
12月5日（土） 14：00～15：40

授業公開デー
すべて11：00～12：20
11月30日（月） 12月1日（火）
12月2日（水） 1月23日（土）

立《りっ》教《きょう》新《にい》座《ざ》高等学校

問題

図のように，半径4㎝の2つの円O，O'があります。△ABCは∠BAC＝75°，辺ABは円Oの直径，点Cは円O'の円周上の点です。点D，Eは2つの円の交点で，それぞれ辺AC，BC上にあります。次の問いに答えなさい。

(1) ∠CDEの大きさを求めなさい。

(2) BCの長さを求めなさい。

(3) 四角形ABEDの面積を求めなさい。

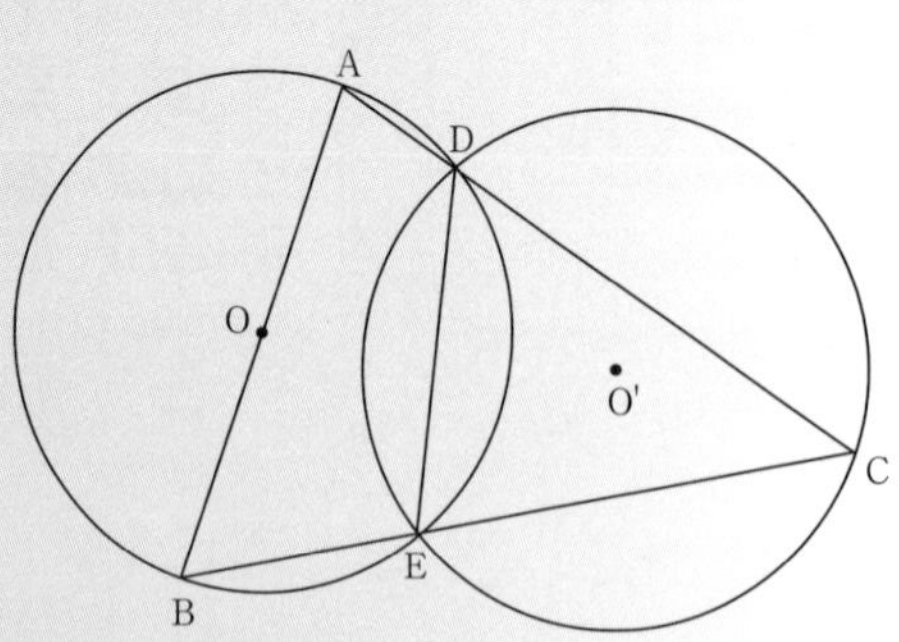

立教新座高等学校の解答は「サクセス15」編集部で作成しました。

解答 (1) 60° (2) $4+4\sqrt{3}$（㎝） (3) $12+4\sqrt{3}$（㎠）

■ 埼玉県新座市北野1-2-25
■ 東武東上線「志木駅」徒歩12分またはバス、JR武蔵野線「新座駅」徒歩25分またはバス
■ 048-471-2323
■ https://niiza.rikkyo.ac.jp/

私立高校の 入試問題

郁《いく》文《ぶん》館《かん》高等学校

問題

次の各組の英文の（　　）内に共通して入る英単語を答えなさい。

1 Walk down two blocks and you'll see the bookstore on your（　　）.
Could you tell me the（　　）way to your house?

2 I know the man standing（　　）the window.
Yesterday I was spoken to（　　）a foreigner.

3 He has lost his watch, so he is looking（　　）it now.
Are you waiting（　　）somebody?

4 I（　　）tea better than coffee.
I want to be a teacher（　　）Mr.Tanaka.

5 There is something（　　）with this computer.
Excuse me, but you have the（　　）number.

■ 東京都文京区向丘2-19-1

■ 地下鉄南北線「東大前駅」徒歩5分、都営三田線「白山駅」・地下鉄千代田線「根津駅」「千駄木駅」徒歩10分

■ 03-3828-2206

■ http://www.ikubunkan.ed.jp/

学校説明会

11月21日（土）　12月12日（土）
両日程とも推薦入試相談会あり

理事長説明会

12月5日（土）　12月19日（土）
12/5は公開授業あり

なんでも相談会

12月7日（月）～11日（金）

解答　1. right　2. by　3. for　4. like　5. wrong

日《に》本《ほん》大《だい》学《がく》高等学校

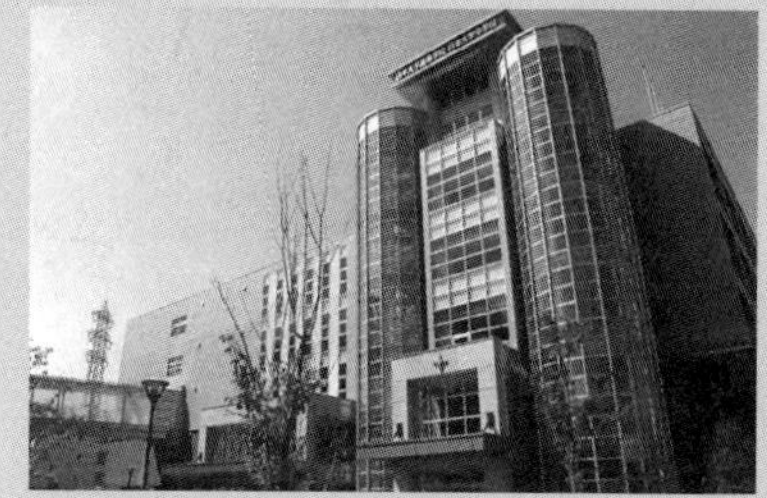

問題

右の図において，PTは円Oの点Tにおける接線である。TBを直径，$\angle TPO = 30°$，$PA = a$ cmとする。

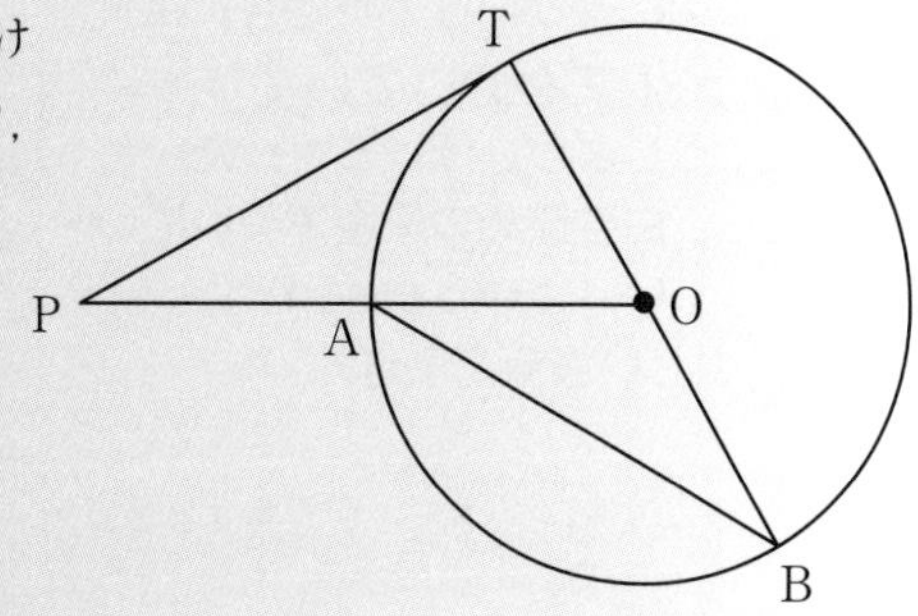

(1)　$\angle TBA = \boxed{1}\boxed{2}°$

(2)　$AB = \sqrt{\boxed{3}}\,a$（cm）

(3)　3点T，P，Bを通る円の半径は$\dfrac{\sqrt{\boxed{4}}}{\boxed{5}}\,a$（cm）である。

■ 神奈川県横浜市港北区箕輪町2-9-1

■ 東急東横線・東急目黒線・横浜市営地下鉄グリーンライン「日吉駅」徒歩12分またはバス

■ 045-560-2600

■ http://www.nihon-u.ac.jp/orgni/yokohama/

学校説明会

11月14日（土）　14：00
※13：30～チアリーディング部によるアトラクションあり
11月28日（土）　13：30
※13：00～軽音楽部によるアトラクションあり

解答　(1) 1…3　2…0　(2) 3…3　(3) 4…7　5…2

みんなの お便りコーナー サクセス広場

テーマ
なかなか克服できないこと

朝起きられない！ 朝型にしなきゃって思っているのに起きられません。だれかぼくにいい方法を教えて～。
（中３・夜型人間３号さん）

ミミズが嫌いで、見かけると飛び上がって驚いちゃうので恥ずかしい。克服とまではいかなくても、もう少し静かに驚きたいです。
（中２・道に結構いるさん）

忘れものがなかなか減りません。色々アドバイスをもらって、リストを作るようにしても、そもそもそのリストに入れるのを忘れたりする…。
（中２・O.S.さん）

ピーマンが嫌いです。子どもっぽいけど、あの苦さ、どうしても苦手！
（中２・緑黄色野菜さん）

小さいころから**人前で話すのが苦手**で、スピーチやプレゼンの授業が本当に憂鬱《ゆううつ》。早く克服したいよ～。
（中２・あがりんさん）

下を向いて頭が洗えません。 水が顔に集まるのが苦手で、上を向いてシャワーの水をまきちらしながら洗ってしまいます。一度溺れたことがあって水がこわいんです…。
（中２・魚座さん）

テーマ
私のおじいさん、おばあさん

いっしょに住んでいる祖母は、もう70歳を超えているのにすごくお茶目。よく父に**いたずら**をしています。
（中２・ファンキーばあちゃんさん）

美人で有名だった祖母をお嫁さんにするために、祖父が色々な方法でアプローチしたという**なれそめ話**、何度聞いても楽しいし、癒される。
（中３・N.N.さん）

北海道に住んでいて、地元でとれたおいしい**野菜**や**魚**を送ってくれる祖父母。いつもありがとう！
（中３・道産子さん）

祖父母といっしょに住んでるので、親が仕事で遅くなっても寂しくありません。みんな**お笑い**が好きなので、よくいっしょにテレビを見ます。
（中１・O.Rさん）

祖父の家に遊びに行ったとき、祖父が頭に**ラップ**を巻いていてびっくり！ どうしよう、ぼけちゃった…と思ったら、白髪染めの途中で巻いていただけらしい。よかったぁ。
（中１・おじいちゃん子さん）

テーマ
読書の秋におすすめの本

疲れてるときに**絵本**を読むと癒されることを発見してからたまに読んでます。昔読んでいたのを読み返すのも懐かしくていいですよ。
（中３・スズムシさん）

あさのあつこの『**バッテリー**』は最高です。好きすぎて何回も読んでしまいます。
（中２・WAさん）

天体の本。宇宙はロマンです！ 寒くなると空気も澄んできて、実際に星も見えるから気分があがります。
（中１・ホッシーさん）

司馬遼太郎の『**坂の上の雲**』は、戦争の話が多いけれど、とにかくおもしろい。明治時代の政治家とかがどんなことを感じていたかがわかります。
（中３・歴史好きさん）

短歌集とか**詩集**。ちょっと大人な気分になれて、秋の夜長にぴったり。
（中２・うーたさん）

シャーロックホームズのシリーズ。結末が気になってついつい夜更かししてしまうんですよね。
（中２・シャーロキアンさん）

必須記入事項

A／テーマ、その理由　B／住所　C／氏名
D／学年　E／ご意見、ご感想など

ハガキ、FAX、メールを下記までどしどしお寄せください!
住所・氏名は正しく書いてください!!
ペンネームは氏名のうしろに(　)で書いてネ!
【例】サク山太郎（サクちゃん）

宛先

〒101-0047　東京都千代田区内神田2-4-2
グローバル教育出版　サクセス編集室
FAX:03-5939-6014
e-mail:success15@g-ap.com

募集中のテーマ

「2015年の目標」
「憧れている人」
「冬休みの思い出」

応募〆切 2015年12月15日

ここにメールしてね!!

ケータイ・スマホから上のQRコードを読み取り、メールすることもできます。

Present!! 掲載された方には抽選で**図書カード**をお届けします!

掲載にあたり一部文章を整理することもございます。個人情報については、図書カードのお届けにのみ使用し、その他の目的では使用いたしません。

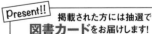

サクセス イベントスケジュール

11月～12月

世間で注目のイベントを紹介

紅葉《もみじ》狩り

11月～12月初旬のいまの時期といえば、関東地方で、木々の紅葉が見ごろを迎えるころだね。紅葉を見に行くことを「紅葉狩り」と呼ぶけれど、実際に葉っぱを取るわけではなく、「眺める」ことを意味しているんだ。「勉強の合間に、近所の公園に紅葉狩り…」なんて、風流じゃない？

\ 浮世絵師が描いた江戸美人 /

シカゴ ウェストンコレクション 肉筆浮世絵―美の競艶

11月20日（金）～1月17日（日）
上野の森美術館

浮世絵と聞くと、版画作品を思い浮かべるかもしれないが、この展覧会は、絵師が紙や絹に筆で直接描いた肉筆浮世絵を集めたものだ。肉筆浮世絵の個人コレクションとして世界有数規模を誇るウェストン氏の所蔵作品から、菱川師宣、喜多川歌麿、歌川豊国、葛飾北斎、河鍋暁斎《かわなべきょうさい》など50人以上の絵師による精《せい》緻《ち》で華やかな美人画が見られるよ。

初代歌川豊国「時世粧百姿図」（一部）絹本二十四葉　文化13年（1816）　©WESTON COLLECTION

「肉筆浮世絵―美の競艶」の招待券を5組10名様にプレゼントします。応募方法は下記を参照。

\ スペインフェスティバル！ /

フィエスタ・デ・エスパーニャ 2015

11月28日（土）・11月29日（日）
代々木公園イベント広場

昨年度、11万人が来場した日本最大級のスペイン関連イベント、「フィエスタ・デ・エスパーニャ」が今年も開催される。本格スペイン料理や大鍋で作るパエリア、フラメンコショー、ベネンシアドールの実演、多彩なセミナーなど、スペインの「食」・「飲」・「文化」・「舞踏」・「音楽」に触れられる楽しいプログラムが盛りだくさんの2日間だ。

\ ゴーギャン最初の楽園 /

ゴーギャンと ポン＝タヴァンの画家たち展

10月29日（木）～12月20日（日）
パナソニック 汐留ミュージアム

フランスの画家ゴーギャンというと、大胆な構図と鮮やかな色彩でタヒチの自然や人々を描いた作品群が有名だが、タヒチとは別にゴーギャンを魅了した土地が、フランス・ブルターニュ地方のポン＝タヴァンだ。この展覧会は、ゴーギャンをはじめ、19世紀末のポン＝タヴァンを舞台に活躍した画家たちの作品を多数紹介。美術好きなら必見だ。

ポール・ゴーギャン「2人の子供」1889（？）年　ニイ・カールスベルグ・グリプトテク美術館、コペンハーゲン　Ny Carlsberg Glyptotek, Copenhagen

ジョン・ウィリアム・ウォーターハウス《デカメロン》1916年油彩・カンヴァス　©Courtesy National Museums Liverpool, Lady Lever Art Gallery

「英国の夢　ラファエル前派展」の招待券を5組10名様にプレゼントします。応募方法は下記を参照。

ハービー・山口氏の作品　©Disney

\ 英国美術の麗しさを堪能 /

リバプール国立美術館所蔵 英国の夢 ラファエル前派展

12月22日（火）～3月6日（日）
Bunkamuraザ・ミュージアム

イギリス・リバプール国立美術館の所蔵品から、「英国の夢」をテーマに、ラファエル前派（19世紀のイギリスで起こった芸術運動）の傑作がやってくる。ミレイ、ロセッティ、ハントなどラファエル前派の初期メンバーはもちろん、彼らの追随者と呼ばれる画家たちの作品も多数紹介。ロマンティックで美しい英国美術の世界に触れてみてほしい。

\ ファンタジックな写真展 /

「イマジニング・ザ・マジック」写真展 “夢と魔法の瞬間”

11月20日（金）～12月2日（水）
東京ミッドタウン内「フジフイルム スクエア」

アーティストやフォトグラファーが東京ディズニーリゾートのさまざまな“夢と魔法の瞬間”を切り取って表現した作品を紹介する、東京ディズニーリゾート・ブログ内の人気コンテンツ「イマジニング・ザ・マジック」の写真展が開催される。ブログでは紹介しきれなかった作品も含め、約90点が展示されるよ。入場無料なのも嬉しい。

\ おいしい発見と出会う /

ニッポン全国物産展2015

11月20日（金）～11月22日（日）
池袋サンシャインシティ展示ホールA・B

日本全国から、おいしいものが大集結！池袋サンシャインシティで開催される「ニッポン全国物産展2015」では、350社以上の出展者により、全国各地の特産品や名産品を紹介。「ニッポン全国おやつランキング」や、「おらが自慢のご当地フードコート」など、見て、食べて楽しめるイベントだ。家族や友だちを誘って行ってみよう！

招待券プレゼント！ 希望する展覧会の名称・住所・氏名・年齢・「サクセス15」を読んでのご意見ご感想を明記のうえ、編集部までお送りください（応募締切2015年12月15日必着　あて先は85ページ参照）。当選の発表は賞品の発送をもってかえさせていただきます。

“個別指導”だからできること × “早稲アカ”だからできること

- 難関校にも対応できる
- 弱点科目を集中的に学習できる
- 最終授業が20時から受けられる
- 早稲アカのカリキュラムで学習できる

広がる早稲田アカデミー個別指導ネットワーク

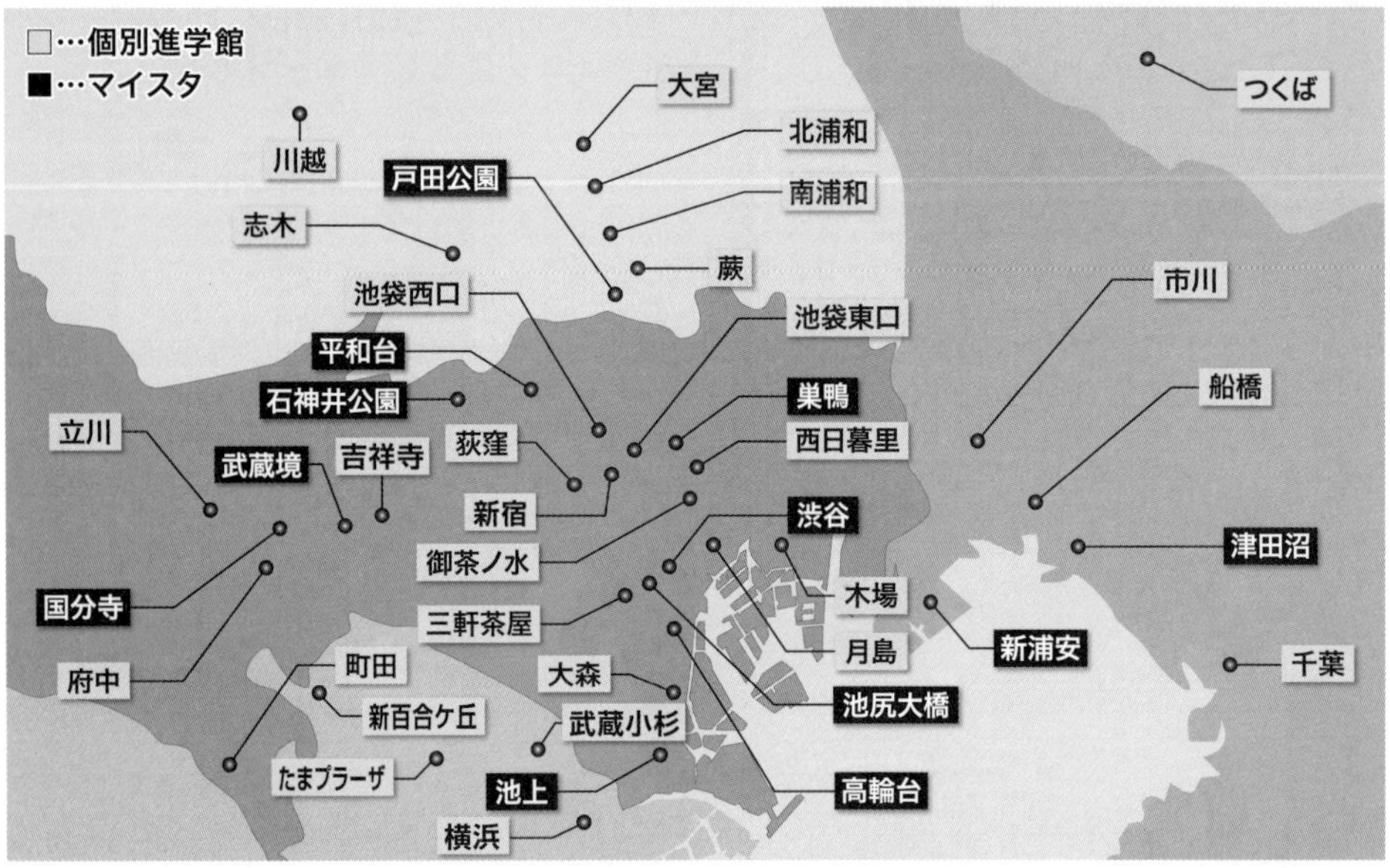

□…個別進学館
■…マイスタ
大宮
つくば
川越
北浦和
戸田公園
南浦和
志木
蕨
市川
池袋西口
池袋東口
平和台
船橋
巣鴨
石神井公園
立川
西日暮里
荻窪
武蔵境
吉祥寺
新宿
渋谷
御茶ノ水
津田沼
木場
国分寺
三軒茶屋
新浦安
月島
町田
千葉
府中
大森
新百合ケ丘
池尻大橋
武蔵小杉
たまプラーザ
池上
高輪台
横浜

マイスタは2001年に池尻大橋教室・戸田公園教室の2校でスタートし、個別進学館は2010年の志木校の1校でスタートした、早稲田アカデミーの個別指導ブランドです。お子様の状況に応じて受講時間・受講科目が選べます。また、早稲田アカデミーの個別指導なので、集団授業と同内容を個別指導で受講することができます。マイスタは1授業80分で1:1または1:2の指導形式です。個別進学館は1授業90分で指導形式は1:2となっています。カリキュラムなどはお子様の学習状況、志望校などにより異なってきます。お気軽にお近くの教室・校舎にお問い合わせください。

悩んでいます… 中2

クラブチームに所属していて、近くの早稲アカに通いたいのに、曜日が合わない科目があります。

解決します!

早稲アカの個別指導では、集団校舎のカリキュラムに準拠した指導が受けられます。数学だけ曜日があわないのであれば、数学だけ個別で受講することも可能です。もちろん、3科目を個別指導で受講することもできます。

悩んでいます… 中3

中3ですが、英語は中2内容から不安があります。
何とかしたいのですが、さかのぼって中2内容を勉強できますか?

解決します!

あなたの定着度を分析してカリキュラムを作ります。中3であっても中2範囲がつまずきの原因であれば、その部分から学習をやり直すことが可能です。学年にとらわれず、一人ひとりに合わせたカリキュラムを提案させていただきます。

悩んでいます… 中2

12月の難関チャレンジ公開模試に向けて
弱点を対策しておきたい!

解決します!

早稲アカの個別指導なので、難易度の高い問題の対策を行うことができます。早稲アカ各種テストの対策ができるのも早稲アカ個別指導の特徴です。通常の授業に加え、ピンポイントで授業回数を増加することが可能です。

小1～高3 冬期講習会 12月・1月実施

小・中・高 全学年対応/難関受験・個別指導・人材育成

早稲田アカデミー個別進学館

WASEDA ACADEMY KOBETSU SCHOOL

お問い合わせ・お申し込みは最寄りの個別進学館各校舎までお気軽に!

池袋西口校 03-5992-5901	池袋東口校 03-3971-1611	大森校 03-5746-3377	荻窪校 03-3220-0611	御茶ノ水校 03-3259-8411
木場校 03-6458-5153	吉祥寺校 042-222-9211	三軒茶屋校 03-5779-8678	新宿校 03-3370-2911	立川校 042-548-0788
月島校 03-3531-3860	西日暮里校 03-3802-1101	府中校 042-314-1222	町田校 042-720-4331	新百合ヶ丘校 044-951-1550
たまプラーザ校 045-901-9101	武蔵小杉校 044-739-3557	横浜校 045-323-2511	大宮校 048-650-7225	川越校 049-277-5143
北浦和校 048-822-6801	志木校 048-485-6520	南浦和校 048-882-5721	蕨　校 048-444-3355	市川校 047-303-3739
千葉校 043-302-5811	船橋校 047-411-1099	つくば校 029-855-2660	首都圏に28校舎 (今後も続々開校予定)	

MYSTA

早稲田アカデミー 個別指導マイスタ

お問い合わせ・お申し込みは最寄りのMYSTA各教室までお気軽に!

渋谷教室 03-3409-2311	池尻大橋教室 03-3485-8111	高輪台教室 03-3443-4781
池上教室 03-3751-2141	巣鴨教室 03-5394-2911	平和台教室 03-5399-0811
石神井公園教室 03-3997-9011	武蔵境教室 0422-33-6311	国分寺教室 042-328-6711
戸田公園教室 048-432-7651	新浦安教室 047-355-4711	津田沼教室 047-474-5021

「個別指導」という選択肢――

《早稲田アカデミーの個別指導ブランド》

MYSTA 早稲田アカデミー 個別指導マイスタ

早稲田アカデミー 個別進学館

○ 目標・目的から逆算された学習計画

マイスタ・個別進学館は早稲田アカデミーの個別指導ブランドです。個別指導の良さは、一人ひとりに合わせた指導。自分のペースで苦手科目・苦手分野の学習ができます。しかし、目標には必ず期日が必要です。そこで、期日までに必要な学習内容を終えるための、逆算された学習計画が必要になります。早稲田アカデミーの個別指導では、入塾の際に長期目標／中期目標を保護者・お子様との面談を通じて設定し、その目標に向かって学習計画を立てることで、勉強への集中力を高めるようにしています。

○ 集団授業のノウハウを個別指導用にカスタマイズ

マイスタ・個別進学館の学習カリキュラムは、早稲田アカデミーの集団授業のカリキュラムを元に、個別指導用にカスタマイズしたカリキュラムです。目標達成までに何をどれだけ学習するかを明確にし、必要な学習量を示し、毎回の授業・宿題を通じて目標に向けて学習し続けるためのモチベーションを維持していきます。そのために早稲田アカデミー集団校舎が持っている『学習する空間作り』のノウハウを個別指導にも導入しています。

○ 難関校にも対応

マイスタ・個別進学館は進学個別指導塾です。早稲田アカデミー教務部と連携し、難関校と呼ばれる学校の受験をお考えのお子様の学習カリキュラムも作成します。また、早稲田アカデミーオリジナルの難関校向け教材も、カリキュラムによっては使用することができます。

好きな曜日!!

「火曜日はピアノのレッスンがあるので集団塾に通えない…」そんなお子様でも安心!!好きな曜日や都合の良い曜日に受講できます。

1科目でもOK!!

「得意な英語だけを伸ばしたい」「数学が苦手で特別な対策が必要」など、目的・目標は様々。1科目限定の集中特訓も可能です。

好きな時間帯!!

「土曜のお昼だけに通いたい」というお子様や、「部活のある日は遅い時間帯に通いたい」というお子様まで、自由に時間帯を設定できます。

回数も自由に設定!!

一人ひとりの目標・レベルに合わせて受講回数を設定できます。各科目ごとに受講回数を設定できるので、苦手な科目を多めに設定することも可能です。

苦手な単元を徹底演習!

平面図形だけを徹底的にやりたい。関係代名詞の理解が不十分、力学がとても苦手…。オーダーメイドカリキュラムなら、苦手な単元だけを学習することも可能です！

定期テスト対策をしたい!

塾の勉強と並行して、学校の定期テスト対策もしたい。学校の教科書に沿った学習ができるのも個別指導の良さです。苦手な科目を中心に、テスト前には授業を増やして対策することも可能です。

お子様の夢、目標を私たちに応援させてください。

無料 個別カウンセリング 受付中

その悩み、学習課題、私たちが解決します。　個別相談時間 30分～1時間

勉強に関することで、悩んでいることがあればぜひ聞かせてください。経験豊富なスタッフが最新の入試情報と指導経験をフルに活用し、丁寧にお応えします。　※ご希望の時間帯でご予約できます。お電話にてお気軽にお申し込みください。

早稲田アカデミーの個別指導は首都圏に40校〈マイスタ12教室 個別進学館28校舎〉

パソコン・スマホで　MYSTA　または　個別進学館　検索

～サクセス18のご紹介～

サクセス18は早稲田アカデミーが創った現役生難関大受験専門塾です。

2015年度 大学入試合格体験記

東京大学［理科Ⅰ類］合格
早稲田大学［創造理工学部］

栗嶋 寛基（私立開成高校）

最高の学び舎

僕は、高一から早稲田アカデミーにお世話になりました。早稲田アカデミーの授業は、オリジナル教材を用いながら、講義・演習・ディスカッションなど、それぞれの科目に適した授業形態をとっていて、本質をより簡単に学ぶことができました。また、授業中の教室には心地よい緊張感が保たれていたので、本質をより簡単に学ぶことが出来ましたし、集中して勉強に取り組むことが出来ました。高3になると毎週日曜日に東大必勝講座が設けられ、東大頻出の単元に絞った演習をこなすことで、東大受験において大きなアドバンテージを獲得することが出来たと思います。さらに、センター試験が終わると、毎週テストゼミが行われ、テストに対する経験値を高めるとともに、周りのライバルたちと切磋琢磨することで、受験当日まで高いモチベーションを維持することが出来ました。勉強面以外においても、早稲田アカデミーには、質の高い自習室や、きれいなラウンジといったような勉強する上で役に立つ設備も充実していて、受験勉強する上で素晴らしい環境だったと思います。かなり有効活用させていただきました。僕が合格できたのは早稲田アカデミーのおかげだと思います。ありがとうございました。

東京大学［文科Ⅰ類］合格
早稲田大学［法学部］、明治大学［法学部］

米澤 友美子（私立桜蔭高校）

早稲アカに通い続けて

10年前、小学校2年生の冬。偶然家のポストに入っていた一通のダイレクトメールがきっかけで私は早稲田アカデミーに入塾しました。その後10年もの間早稲アカに通い続けることになろうとは当時は思いも寄りませんでした。東大を目指す、ということは長く苦しい戦いです。東大を諦めようと思うことが何度もありました。特に高1の時は数学は定期テストでも40点台、英語は教科書レベルの英文の読解にも四苦八苦、国語はまともに文字が読めないという状態で、とても東大に合格できる学力ではありませんでした。しかし、早稲アカの先生方の個性豊かでかつ受験という枠にとらわれない高度な授業、生徒一人一人に即した熱意あふれる学習指導のおかげでなんとか東大に合格にできる学力を身につけることができました。また、先生方がこまめに声をかけて下さったり、中学受験の時にお世話になった先生までもが応援して下さったりと精神的な面でも支えてもらいました。先生と生徒が一丸となって入試に臨める早稲アカだったからこそ、私は東大に合格することができました。小学校2年生の時、幼いながらに私の下した、早稲田アカデミーという選択の正しさは、10年の時を経て桜蔭、そして東大合格という形で証明されたと思います。

一橋大学［法学部］合格
慶應義塾大学［経済学部・商学部・総合政策学部］

林 遼太郎（私立駒場東邦高校）

サクセスで得たもの

僕は4年間サクセスに通っていました。小学校時代早稲アカに通っていたこともあり、友人や熱い先生方の雰囲気に自然と溶け込んでいきました。が、本当に受験を考えたのは高2の冬からで、ただ漠然と一橋大に入れればくらいにしか思っていませんでした。しかし、本格的に塾の自習室にも行くようになってからは、次第に受験を考えるようになっていました。サクセスは、大手塾とは違って、友人が作りやすく、互いに意識し合い、競い合える環境にあり、「自分もやらなきゃ」という危機感が芽生えるような環境です。だから、自然と高3にもなると、必死で勉強に取り組むことができるのだと思います。誰しも、自分の勉強に不安を抱くと思います。自分自身、そうした不安を経験しました。そんな時、僕を救ってくれたのは塾の方々でした。周りの人に話すことで気持ちが楽になったのです。そして、最後まで勉強に食らいつくべきだと思います。現役生は、年明けの直前期一気に伸びるというのは本当です。なので、試験当日まで諦めないで下さい。そして、本番は緊張するものです。僕は、センター前日から全く眠れず、という状態でした。しかし、そんな状態を楽しむことも、受験の一環です。周りを見て、「自分のほうができる」と言い聞かせるのも成功するための方法の一つです。また今まで一生懸命に勉強してきた自分を振り返るのも一つだと言えるでしょう。いずれにせよ、自分を信じ、試験開始直前まであがいてください。

早稲田大学［社会学部］合格
明治大学［商学部・政治経済学部］

郭 翔一（私立成城高校）

早稲アカ最高！！

私が早稲田アカデミーサクセス18に入塾したのは中学3年生の時です。当時はもちろん受験を意識することもなく、学校の定期試験の勉強すらまともにやらない状態でした。しかし、FITなどのサクセス18の充実したシステムにより、低学年のうちから学習習慣を身につけることができ、本格的に受験勉強をする前から学力の基盤を作ることができたのはよかったです。本格的に受験勉強を開始しようと考えた時、何をどのように勉強するか具体的な計画を自分では立てることはできませんでした。しかし、今年度から導入されたサクセスダイアリーを使用することにより、しだいに計画をたてることができるようになり、受験の直前期には効率的に時間を使うことができるようになっていました。そして何よりも受験勉強に逃げずに取り組むことができたのは先生達の熱い授業のおかげです。古居先生の厳しくも厳しいからこそやる気の出る授業や、幸長先生の数々の励ましの言葉や、新里先生の面白くも奥深い授業のおかげでモチベーションを保つことができました。また、ラウンジなどで塾の仲間達と励ましあうことにより、お互いに切磋琢磨し高めあうことができました。サクセス18の皆に支えられ、合格することができました。本当にありがとうございました。早稲田アカデミーサクセス18は最高！塾を選ぶ時にこの塾を選んだのは最良の選択でした！

中3 この冬、思考力を徹底的に鍛えるために

TopwiN 冬期準備講座

東大への数学α	東大への英語
三角比と三角関数	時　制
東大への数学β	**東大への国語**
数Ⅰ・Ⅱの計算分野総復習	『テーマの背景』に肉薄する

東大を目指す中高一貫校在籍の中学生のために、夏期に続き冬期にも「東大への英語・数学・国語」を開設します。中学受験の延長でひたすら「詰め込み学習」を行っていても、その先に東大合格は見えてきません。中3の今、君たちがやるべきことは「東大が求める抽象思考の技術」を学び取ることです。初見の問題でもしなやかに対応できる思考力の基礎を構築しておくことで、今後の学習における取り組み方が変わるはずです。この講座で英・数・国の思考力を徹底的に鍛えあげ、冬期講習会に備えましょう。

12/14（月）▶16（水） 12/17（木）▶19（土）

1講座 3,300円／90分×3日間 ■時間：13:00～14:30、14:45～16:15 ■会場：サクセス18池袋校、サクセス18渋谷校、サクセス18御茶ノ水校、サクセス18たまプラーザ校

日本全国から東大模試A判定や学年トップの超絶優秀生が集結する東大サミット合宿

高3対象 東大 合格必勝 合宿

現役高3生150名限定募集!!

12/26（土）▶30（水）（4泊5日）

料金 一般生：98,400円　塾生：88,000円

会場 都市センターホテル（永田町）

本気、現役合格 早稲田アカデミー

現役生難関大受験専門塾サクセスエイティーン

SUCCESS18

大学受験部

早稲田アカデミー 検索

「高校生コース」をクリック！

☎03(5954)3581(代)

http://www.waseda-ac.co.jp

池袋校
御茶ノ水校
渋谷校
大泉学園校
荻窪校
国分寺校
調布校
たまプラーザ校
新百合ヶ丘校
大宮校
所沢校
志木校

高1～高3（中1～中3 中高一貫校在籍）新入塾生受付中！

医歯薬専門予備校45年の伝統と実績

医学部完全合格136名!!

17日間250時間超 **ベテラン講師がつきっきり指導！ホテル合宿** 高3対象

出願直前 **個別入試相談会** 完全予約制 無料 **12/5（土）・6（日）**

冬期講習会 受付中 高1～高3

早稲田アカデミー 教育グループ

医歯薬専門予備校

野田クルゼ

〈御茶ノ水〉

資料請求・お問い合わせ・各種お申し込みはお気軽にこちらへ

現役校 Tel 03-3233-6911(代) Fax 03-3233-6922 受付時間 13:00～22:00

本　校 Tel 03-3233-7311(代) Fax 03-3233-7312 受付時間 9:00～18:00

野田クルゼの最新情報はホームページでもご確認いただけます。 野田クルゼ 検索

Success15 Back Number

サクセス15 バックナンバー好評発売中！

2015 11月号

高校受験
あと100日の過ごし方
サクセス編集部セレクション
シャーペン・ザ・ベスト10

SCHOOL EXPRESS
東京都立国立

Focus on
國學院大學久我山

2015 10月号

社会と理科の分野別勉強法
図書館で、本の世界を旅しよう！

SCHOOL EXPRESS
東京都立戸山

Focus on
明治大学付属中野

2015 9月号

どんな部があるのかな？
高校の文化部紹介
集中力が高まる8つの方法

SCHOOL EXPRESS
神奈川県立横浜翠嵐

Focus on
中央大学杉並

2015 8月号

夏休み
レベルアップガイド
作ってみよう！
夏バテを防ぐ料理

SCHOOL EXPRESS
早稲田大学本庄高等学院

Focus on
法政大学第二

2015 7月号

参加しよう
学校説明会etc
中学生のための
手帳活用術

SCHOOL EXPRESS
東京都立西

Focus on
青山学院高等部

2015 6月号

キミもチャレンジしてみよう
高校入試数学問題特集
一度は行ってみたい！
世界&日本の世界遺産

SCHOOL EXPRESS
慶應義塾志木

Focus on 公立高校
東京都立富士

2015 5月号

先輩教えて！　合格を
つかむための13の質問
数学っておもしろい！
数の不思議

SCHOOL EXPRESS
早稲田大学高等学院

Focus on 公立高校
神奈川県立湘南

2015 4月号

国立・公立・私立
徹底比較2015
東大生オススメ
ブックレビュー

SCHOOL EXPRESS
早稲田実業学校高等部

Focus on 公立高校
神奈川県立横浜緑ケ丘

2015 3月号

もっと知りたい！
高大連携教育
宇宙について学べる施設

SCHOOL EXPRESS 国際基督教大学
Focus on 公立高校 茨城県立土浦第一

2015 2月号

受験生必見！
入試直前ガイダンス
2014年こんなことがありました

SCHOOL EXPRESS 昭和学院秀英
Focus on 公立高校 東京都立青山

2015 1月号

学年別
冬休みの過ごし方
パワースポットで合格祈願

SCHOOL EXPRESS 慶應義塾湘南藤沢
Focus on 公立高校 千葉県立千葉東

2014 12月号

いまから知ろう！
首都圏難関私立大学
スキマ時間の使い方

SCHOOL EXPRESS 明治大学付属明治
Focus on 公立高校 埼玉県立川越

2014 11月号

過去問演習5つのポイント
本気で使える文房具

SCHOOL EXPRESS 立教新座
Focus on 公立高校 神奈川県立柏陽

2014 10月号

大学生の先輩に聞く
2学期から伸びる勉強のコツ
「ディベート」の魅力とは

SCHOOL EXPRESS 筑波大学附属駒場
Focus on 公立高校 千葉県立薬園台

2014 9月号

こんなに楽しい！
高校の体育祭・文化祭
英語でことわざ

SCHOOL EXPRESS 渋谷教育学園幕張
Focus on 公立高校 東京都立国分寺

2014 8月号

2014年
夏休み徹底活用術
夏バテしない身体作り

SCHOOL EXPRESS 市川
Focus on 公立高校 埼玉県立川越女子

これより前のバックナンバーはホームページでご覧いただけます（http://success.waseda-ac.net/）

How to order バックナンバーのお求めは

バックナンバーのご注文は電話・FAX・ホームページにてお受けしております。詳しくは96ページの「information」をご覧ください。

Success15

From Editors

　今月号の特集では、SGHを取り上げました。どの学校のプログラムも世界で活躍できる力を身につけるための魅力的なものばかりで、読んでいるだけでワクワクした人も多いのではないでしょうか？　でも、なかには「自分は英語が苦手だし、外国にも興味がないからSGHなんて縁遠いなあ」と思う人もいることでしょう。そんなあなたはもう1つの特集、「国・数・英の楽しみ方」を読んでみてください。苦手科目に親しめるさまざまな方法を紹介しているので、これを機に英語が好きになり、将来はSGH指定校に入学…なんてことになるかもしれませんよ。特集記事が新しい世界へ飛び込むきっかけになってくれれば嬉しいです。　　　　（T）

12月号

高校受験ガイドブック2015⑫　早稲田アカデミー　協賛

Success15
夢が広がる高校選びの情報満載！

世界にはばたけ！
SGH大特集

苦手でも大丈夫!!
国・数・英の楽しみ方
SCHOOL EXPRESS
埼玉県立浦和高等学校
FOCUS ON
中央大学高等学校

Information

　『サクセス15』は全国の書店にてお買い求めいただけますが、万が一、書店店頭に見当たらない場合は、書店にてご注文いただくか、弊社販売部、もしくはホームページ（下記）よりご注文ください。送料弊社負担にてお送りします。定期購読をご希望いただく場合も、上記と同様の方法でご連絡ください。

Opinion, Impression & etc

　本誌をお読みになられてのご感想・ご意見・ご提言などがありましたら、ぜひ当編集室までお声をお寄せください。また、「こんな記事が読みたい」というご要望や、「こういうときはどうしたらいいの」といったご質問などもお待ちしております。今後の参考にさせていただきますので、よろしくお願いいたします。

サクセス編集室お問い合わせ先

TEL 03-5939-7928
FAX 03-5939-6014

高校受験ガイドブック2015⑫サクセス15

発行　　2015年11月14日　初版第一刷発行
発行所　株式会社グローバル教育出版
　　　　〒101-0047 東京都千代田区内神田2-4-2
　　　　ＴＥＬ　03-3253-5944
　　　　ＦＡＸ　03-3253-5945
　　　　http://success.waseda-ac.net
　　　　e-mail　success15@g-ap.com
　　　　郵便振替　00130-3-779535
編集　　サクセス編集室
編集協力　株式会社 早稲田アカデミー

Next Issue　1月号